中国人的沟通之道

陈浩宇 ◎ 著

中国友谊出版公司

图书在版编目（CIP）数据

中国人的沟通之道 / 陈浩宇著 . —— 北京：中国友谊出版公司，2024.1
ISBN 978-7-5057-5774-5

Ⅰ.①中… Ⅱ.①陈… Ⅲ.①人际关系－口才学－中国－通俗读物 Ⅳ.① C912.11-49

中国国家版本馆 CIP 数据核字 (2023) 第 224121 号

书名	中国人的沟通之道
作者	陈浩宇
出版	中国友谊出版公司
发行	中国友谊出版公司
经销	新华书店
印刷	大厂回族自治县德诚印务有限公司
规格	710 毫米 × 1000 毫米　16 开 13 印张　142 千字
版次	2024 年 1 月第 1 版
印次	2024 年 1 月第 1 次印刷
书号	ISBN 978-7-5057-5774-5
定价	49.80 元
地址	北京市朝阳区西坝河南里 17 号楼
邮编	100028
电话	(010) 64678009

序言

所谓沟通，无非就是"看入人里，看出人外"。

沟通，一个看似简单却充满奥妙的词汇，却经常在人们的不经意间，决定了生活的走向和人际关系的温度。

沟通从来不是一个人的独角戏，而是两个人的对手戏。对每个人来说，沟通都不仅仅是语言的交换，它更像是心灵的交流和理解的桥梁。尤其是在这个快节奏的信息时代里，有效、高效的沟通技巧，更是成为人们走向成功的不二法门。

有效沟通能打通思想的壁垒，能让友情更加深厚，能让合作更加顺畅，能让爱情更加甜美。为了帮助读者轻松掌握这门艺术，本书应运而生。

本书共有6个章节，着重强调了在各种场合下"金句脱口而出"的重要性，并提供了丰富实用的"高情商问答"，全书涉及商务应酬、职场交流、亲密关系和即兴演讲等需要沟通的方方面面，能够帮助读者在面对不同的人群和场合时，准确、得体地表达自己，达到目的。

在每个章节的开篇，通过图文并茂的情景引入，将读者轻松带入一个真实的生活场景中，让读者在感受与身边人交往的愉悦与困惑时，开始思考如何更好地表达和理解他人的话语并融入细腻且富有启示的场景，为读者展示不同的沟通策略和技巧。在每个章节的后半部分，沟通方法的补充以及实况问答模块，为读者提供更多实用的沟通建议，帮助读者在面对不同的人和事时，能够更加游刃有余、自信满满。

与市面上大部分同类书相比，本书的特色在于，它能够通过生动有趣的漫画形式，让传统枯燥的沟通技巧变得妙趣横生。这些富有创意和幽默感的漫画，不仅能让读者在轻松愉快的氛围中快速学习和记忆，还会在不经意间激发出读者更多的沟通灵感和创意。本书将枯燥的理论与生活实际紧密结合，使读者能够在实际应用中感受到喜悦和成就感。

翻阅本书时，读者会发现原来沟通不仅可以如此简单，还可以如此有趣、如此美好。在这个过程中，读者不仅会学到许多实用的沟通技巧，还会收获很多人生的感悟和情感的温暖。通过本书，希望能帮助读者打破沟通的壁垒，释放沟通的力量。无论是在职场还是生活中，都能让读者的言语成为打动他人的魅力之源。

如果你经历过或者正在经历这些——面试中被 HR 轻易地牵着鼻子走，客户明明对合约表示满意却迟迟不签，和喜欢的女孩聊天时紧张得不知道说些什么……那么，你一定需要这本干货满满的《中国人的沟通之道》，一本书帮你搞定沟通难题！

下面，就让我们翻开这本书，走进《中国人的沟通之道》的世界，一起开始这段探寻沟通奥秘的愉快旅程吧！

目录

第1章　记住这些，让金句脱口而出

　　30秒法则：两句话就进入沟通状态　　　　　　　　| 002
　　话题衍生法则：1个话题开头，10个话题等在后面　　| 007
　　中立法则：明明是对谈，却可以抽身做"局外人"　　 | 011
　　故事法则：1个故事顶1万句大道理　　　　　　　　| 015
　　幽默法则：谁能拒绝和脱口秀演员聊天呢？　　　　| 019
　　有效原则：统一认识才能避免误判　　　　　　　　| 024
　　记住这些，让你的对话水平提升一个档次　　　　　| 028

第2章　应酬技巧：有效沟通，准确表达

　　恭维赞美：提升你人际友好度的准则　　　　　　　| 034
　　善用客套话：把烂俗的客套说得真诚　　　　　　　| 037
　　说好场面话：用场面话搬走绊脚石　　　　　　　　| 042
　　面对刁难：回击的语言要少而"致命"　　　　　　 | 047
　　饭局冷场：画好3个框，冷场就不用慌　　　　　　| 051
　　应酬禁忌：不要"痛"言无忌　　　　　　　　　　| 055
　　商务应酬金句，让应酬不再口难开　　　　　　　　| 060

第3章 职场讲话：能干，更要会说

求职面试：让对方感觉不招你就是损失 | 064
恭维领导：不谄媚的恭维技巧 | 069
拒绝领导：3句话推掉自己说了不算的事 | 074
同事诿过：不冲突地化解冲突 | 079
谈加薪：话语中试探加薪的可能性 | 084
谈离职：多谈家庭问题，少谈工作问题 | 089
职场重地，谨言不是不能言 | 094
职场上如鱼得水，你要学会这些话 | 099

第4章 处世办事：口才帮你搞定难搞的人

求人办事：一句话把求人说成共赢 | 104
打动成功者：3句话不离他的"当年勇" | 108
感动失败者：话里话外畅想未来 | 114
面对高位者：用共同话题拉近距离 | 119
面对博学者：赞美对方不为人知的优点 | 123
求人秘诀：心照不宣，看破不说破 | 127
有了好口才，求人办事不再难 | 131

第5章　亲密关系：爱情是可以谈出来的

恋爱交往会聊才能会"撩" | 136
初次见面：对方感兴趣就是成功 | 140
提出约会：让对方无法拒绝的邀请 | 144
表达爱意：用对方一定听得懂的暗示 | 148
化解冲突：几句话满足对方的情绪价值 | 153
谈婚论嫁：巧妙应答无法回避的问题 | 157
爱情未满：巧妙拒绝他人追求 | 161
甜言加蜜语，不再"爱你在心口难开" | 166

第6章　即兴演讲：开口就能打动所有人

脑中有"货"，才能出口成章 | 170
讲好开场白：巧设悬念让人欲罢不能 | 175
机智应变：应对突如其来的状况 | 180
控制口头语：让演讲更有说服力 | 184
演讲避雷：那些必须躲避的演讲禁区 | 188
结束演讲：好的收尾让听众回味无穷 | 192
一开口就能打动所有人的演讲口才 | 195

1

记住这些，让金句脱口而出

30秒法则：两句话就进入沟通状态

战国时期，纵横家鬼谷子说过一段流传千古的名言："与智者言依于传，与博者言依于辨，与贵者言依于势，与富者言依于豪，与贫者言依于川，与战者言依于谦，与勇者言依于敢，与愚者言依于锐。说人主者，必与之言奇，说人臣者，必与之言私。"

你在单位里是一个小角色，平时根本没有接触最高领导层的资格。这天，你在电梯间等电梯，这时刚好大领导走了过来，电梯来了。你和大领导一起走进电梯，而且里面只有你们两个人，电梯升上办公的楼层需要30秒的时间，在这30秒里，你要怎样给领导留下比较深刻的印象呢？

上面这个问题就是商业领域经久不衰的"电梯问题"。仅仅几十秒钟，最多也不过只能说一两句话，只有真正的沟通高手，才能够凭借一两句话给领导留下深刻印象。然而对于我们来说，通过训练让自己成功沟通的高手，不正是我们阅读本书的目的吗？

30秒法则，可以被视为沟通领域的第一法则。对于我们来说，让沟通变得有效首先要掌握的便是30秒法则，即用简短的话语引起沟通对象的兴趣，进而将沟通的机会延续下去。那么，怎么做才能够满足30秒法

第 1 章
记住这些，让金句脱口而出

则的要求呢？

首先，做好充足准备，在沟通时"投其所好"。

世界上不存在两片一模一样的叶子，也不存在两个一模一样的人。每个人都有着属于自己的生活方式、个性经历、习惯或者偏好，将这些信息绘制成一张独特的"表格"，闲聊中只要遵循着这张表格，你一定会成功找到攻破对方心房的突破口，一步步与对方建立起某种亲密和信任。

这一步的最核心的点是提前了解沟通对象，做好准备。想要说出动听的、让人高兴的话，想要把话说到点子上，说到对方的心坎里，就一定要围绕着对方最感兴趣、最得意的事情来谈。

如果你的沟通对象是女性长辈，性格活泼，这就限定了你的语气一定要谦恭又不失亲切。如果你的这位女性长辈是位家庭主妇，整天围绕着丈夫和子女打转，最爱的休闲活动是看肥皂剧和打麻将，你和她沟通的时候大可聊些家长里短，此时，时不时说出几句恭维的话一定会让对方觉得你很贴心。

如果你的聊天对象是位女性长辈，只是性格偏内敛严肃，你的语气更要凸显出谦虚恭敬的一面。如果这位女性长辈是个工作狂，生活里最大的乐趣就是工作，与她闲聊的时候不妨多向她请教一些职场上的生存规则，多向她求教一些职业规划方面的细节，只要你的态度够虚心，她一定乐于指导你。

如果你的聊天对象是男性长辈，大可以向他们请教人生智慧、生存经验，询问他们辉煌或者难忘的往事等等，只要话题围绕着这些展开，总是可以引起他们倾诉的欲望。退休了的围绕着他们的兴趣爱好来谈，爱钓鱼的就谈钓鱼，爱遛狗的就谈不同品种的狗；亦可以围绕着对方骄傲的事情来谈，比如说对方引以为豪的优秀子女等等。

如果你的聊天对象是相熟的同辈，也要根据熟悉的程度来选择不同的态度和语气，以及聊天的话题。对于同辈的女孩，如果正好是你的同事，关系不远不近，你大可以和她聊聊女孩子间最喜欢聊的话题，比如说服饰打扮、彩妆品牌以及正当红的娱乐圈"小鲜肉"等等，态度亲切自能拉近彼此的距离；如果这位平辈的女孩是你的亲密好友，你们的闲聊内容往往可以更私密一点，比如家庭烦恼、情感经历等等。

想要练就迅速吸引人的沟通之道，就要在生活里将这个法则运用到实践中，只有切实体会到了遵守这个法则能够带来的好处，我们也就明白了巧妙的说话之道究竟是怎么一回事。

其次，在语言表达上预设悬念。想要一句话抓住人心，不妨学习推理小说，在一开头就预设悬念。故意在语言上设计一些悬念，吊一吊人的胃口，给他人留下继续沟通的线索，并激发沟通对象的好奇心。

10岁的孔融和父亲一起来到洛阳，一天，孔融瞒着父亲一个人来到洛阳名士李元礼的门口，冲着守门人行了个礼说道："李大人是我的亲戚，我要进去见他。"

祖上的亲戚。

祖上什么亲戚？

孔融说完李元礼是他父亲的亲戚后，守门人见他长得聪明可爱，没多想就进去通报李元礼。李元礼很好奇，便要守门人问清楚，来人是哪一支的亲戚。结果孔融说是"祖上的亲戚",李元礼听后更是好奇,于是便让门人将他请了进来。

孔融被请进客厅,李元礼问道:"你真是我的亲戚吗?"孔融答道:"说来话长,过去您的祖先老子和我的祖先孔子有师生关系,因此我和您自然是老世交了。"

孔融用一句"李大人是我的亲戚"引起了李元礼的注意,吊住了他的胃口,因此才有了后来表现的机会。生活中,很多人听惯了同样的话,也说惯了同样的话,因此如果出现一个新鲜的表达方式,或者一个出乎他意料的话题,那往往是能够获得更高的关注的。所以,用出其不意的谈话内容,让对方产生好奇心,是一个很好的聊天方法。

话题衍生法则：1个话题开头，10个话题等在后面

吃一顿饭，有开胃菜、主菜、配菜，饭后还有甜点，这才是一次完整的美食体验。与人沟通也是一样，精心准备了个话题，结果20分钟话题结束了，两个人只能有一句没一句的尬聊，这绝对算不上是成功的沟通。

成功的沟通，要用1个成功的话题开头，还要准备10个话题作为延续，这才能给予对方一种"高潮不断"的聊天体验。

男：你吃饭了吗？

女：吃了？

男：吃的什么？

女：下班路上随便吃了点。

男：今天上班累吗？

女：累！

男：我上班也很累！

女：那早点休息吧！

男：好的，你也早点休息。

这是一段非常真实的微信聊天记录，读起来让人觉得无奈又好笑，事实上，很多相亲认识的男女就是这样对话的，也难怪人们说相亲的"效率"低。

一个话题，刚开始没多久就结束了，那么这场沟通不过是应付了事。好的沟通必须是有来有往才能延续下去，一个话题说完了，就要挖掘出新的话题，才不至于让聊天的过程中断。

男：你吃饭了吗？

女：吃了。

男：你晚餐吃得好早，××街有家砂锅店很不错，但他家要八点之后才开门，想约你去尝尝。

女：我就是下班路上随便吃了点。

男：是我约晚了，不过咱们可以晚点去吃夜宵。

女：我不太想吃夜宵，有点累了。

男：累了刚好跟我去放松放松，那家砂锅店离××剧场不远，咱们随便吃一口，然后去看脱口秀。你喜欢看脱口秀吗？

女：我还挺喜欢看的。

男：是吧，我也喜欢，我最喜欢的脱口秀演员是……

可以看出，这第二对男女的聊天肯定还会继续进行下去，能进行下去的原因就是双方找到了彼此都感兴趣的话题。

那么，在沟通过程中，如何才能成功发掘出合适的、亮眼的新话题呢？

第1章
记住这些，让金句脱口而出

> 真不知道要和相亲对象聊些什么？

首先，我们需要对沟通对象有一个基本的了解，在掌握对方的个人信息之后，选择一些备用的话题。知己知彼，百战百胜，提前揣摩好对方对什么事情感兴趣，搜集一些有关于对方感兴趣的信息储备在脑海中，就能够做到沟通中话题不断。

其次，我们可以根据沟通所需要的时间，提前在脑海中将整个沟通的过程演练一遍，打好腹稿。一场沟通短则半个小时、一个小时，长则三五个小时，要想让沟通顺利走完，一点冷场的情况也不出现，提前准备一些应急预案是必须的。

再次，我们可以准备一些特定的幽默段子。很多人都佩服脱口秀演员的口才，但殊不知，他们每个人都有一些特定的段子，这些段子在他们线下"开放麦"的时候，都经过了几十上百次的演练，达到炉火纯青。

而一旦遇到冷场的情况，他们就会立即调用这些段子进行救场，那么同样的，我们也应该根据自己的经历准备一些幽默段子，以备在沟通中的不时之需。

最后，我们要有随机捕捉对方话语信息的能力。

在与人沟通时，我们只要用心倾听，就总能够从对方的话中寻找出其他的可以衍生的要素。有时候区区一个话题甚至能够"开枝散叶"到想象不到的程度。

沟通对象说："我昨天刚从香港飞回来，真是太累了！"

那么试想一下，你能够从这句话里衍生出多少话题来？你可以围绕着"香港"这个关键词问："你去香港做什么？旅行还是办公？""你对香港的印象怎么样？""这次香港之行除了累应该还有别的体验吧？""香港有家餐厅特别有名，你去体验了吗？"你可以将话题衍生到旅行方面，毕竟这是个很容易聊出彩的领域。你也可以将话题衍生到其他方面："你做的是哪班航班？服务怎么样？"利用这句问话甚至可以将整个话题衍生到"航班"上去。

总而言之，当你用一个别出心裁的话题开头的时候，已经为这场沟通的成功奠定了基础，如果再能够准备好一些话题作为延续，那么你就一定会取得你想要的沟通效果。

中立法则：明明是对谈，却可以抽身做"局外人"

预设立场指的是根据自己的偏好，预先设定对待一件事的观点和态度。与人沟通最忌讳预设立场，因为一旦内心已经笃定了某种观点，那么沟通就完全变成了说服甚至是压制，非要让对方肯定你的观点不行，结果往往就会把沟通变成吵架。

最常见的预设立场模型是辩论赛，我们可以想象一下辩论赛的场景，双方无论是否认定自己的观点，都要在对方面前"无理辩三分"，都要想方设法把对方压制住，有时甚至要使出一些逻辑陷阱、诡辩等辩论技巧。

试想一下，如果在现实生活中，我们将沟通都变成辩论赛的样子，那将是多么严重的灾难。

所以一个善于沟通的人，不能带着立场与人沟通。想要让沟通更顺畅，我们甚至要强迫自己保持中立，做沟通的"局外人"，这就是沟通中的中立法则。

中立法则就是在沟通中尽量不要有观点，对人对事不要做出过多的判断，不要抵触那些让自己不快的语言，不要太执拗于说服别人。

晓林性格非常直爽，但人缘却很不好。他的舍友小袁性格圆滑，待人远远不如晓林真诚,可是比起晓林,周围的人更喜欢小袁。晓林想不通这个道理,一次趁着酒劲,他愤怒地向大家提出自己的困惑。

看着脸红脖子粗的晓林,大家面面相觑。一位同学为难地说:"晓林,你不要多想,你为人一向热心我们都知道……"

"那为什么你们总是有意无意地疏远我呢?我一直把你们当朋友,可是你们呢?"晓林说得很直接,大家尴尬极了。

一向圆滑的小袁此时却开口道:"晓林,不是大家疏远你,而是你这个人太较真了,太开不起玩笑了,我们在跟你聊天的时候总是心有顾忌,怕哪句话说得不好就惹毛了你……"

生活中，像晓林这样的人非常多，他们时刻不忘强调自己的立场，面对听不惯的言论总是喜欢当场反驳，总是在人前发表自己的"高论"。哪怕只是一场单纯的闲聊，他们也会纠结于对方的观点、态度。一有观点上的不一致，他们一定要当场就分个是非对错、黑白道理来。对于这种人，我们不能说他们做得不对，只能说他们实在是没有沟通的情商。

> 沟通不是辩论，没有必要一定分一个对错黑白。如果什么都要辩一辩，那你就太没有沟通的情商了，生活中没有人喜欢与你沟通也就不奇怪了。

心里的底线和原则当然是要坚持的，但这只针对重大的人生抉择，而不需要时时刻刻挂在嘴边。有时候，有些人所较真的事情根本没有涉及底线和原则，此时他们一定要站在道德的制高点，不依不饶地揪住别人的"衣领"不放，结果就使沟通无法继续进行下去。

一个喜欢吹嘘的朋友，在人群中吹嘘自己假期去了国外游玩，你心知他说的经历里面十有八九都是假的，破绽百出，又何必一定要当面拆穿，让人下不来台呢？此时，最好的做法就是当一个完全不带观点的听众，满足他的虚荣心就好了。

当然，中立法则也不仅仅要求人必须放弃自己的一切观点和态度，在沟通中一味做他人的"应声虫"。有些人为了讨好别人，不管别人说的是什么，都一概称"是"，这其实也会影响沟通的效果。

在沟通的过程中，如果我们没有一点原则和态度，不管别人说出什么观点，提出什么意见，一概照单全收，摆出无比认同的样子，而不去进行自己独立的思考，那么久而久之，也会成为不受欢迎的沟通对象。

一边是一点就燃的"炮仗"，立场鲜明无比，与聊天对象一言不合就打嘴仗；一边是一味点头称是、毫无主见的"应声虫"，干脆就丧失了立场，无论对方说的是什么都无力反抗、照单全收，这两种人都不是好的沟通对象。

沟通中的中立，更应该被理解为一种超然的淡定，既不急于表现自己，也要做到进退有度，要有谦退的涵养，也要有表达自己的观点的智慧和底气。

故事法则：1个故事顶1万句大道理

对于故事的喜爱是刻在人类基因里的。一位媒体人曾说："不管是日常社交还是职场，做营销还是做管理，只要你想影响其他人，那讲故事的能力就是你不能缺的核心能力，而很多朋友偏偏缺的就是这个。"

我们会发现，在与人沟通时，善于讲故事的人总能吸引到倾听者足够多的注意力，好的故事往往能起到意想不到的沟通效果。所以，我们要在沟通中善用故事法则。

一位律师正在为一个偷窃案的嫌疑人辩护。嫌疑人是一个惯偷，警察在他身上搜出了失主的钱包，尽管他宣称自己的钱包跟失主的一样，自己只是误拿了对方的钱包，但由于他有过前科，陪审团始终不相信他的话。

这位律师是怎么完成无罪辩护的呢？她并没有对陪审团发表什么高谈阔论，只是向陪审团讲了个小故事：

在这位律师还是小女孩的时候，有一天，她看到自己的宠物狗叼着邻居家的小兔子回了家，当她从狗嘴里抢下兔子的时候，她发现兔子就已经死掉了。她推断是自己家的狗咬死了邻居家的兔子，为了保护宠物狗，她决定将这件事隐瞒下来。她把死掉的兔子清洗干净，又吹干了毛，偷偷地放回邻居家的兔笼里，她觉得这样就没人知道兔子是自己的宠物狗咬死的了。

第二天，邻居来她家玩的时候说了件有趣的事——邻居的兔子在三天前就已经死了，邻居将兔子埋到了树林里，但不知道谁脑子错乱，把兔子从地里挖出来，并且洗干净又放回笼子里。这时候，她才知道是自己错怪了宠物狗。

最后，律师为自己的故事做了总结。她对陪审团说："表面看来最符合逻辑的，最后却不是真相。这起案件，表面看来是我的当事人偷了钱包无疑，但或许他真的是误拿呢？我们所有人都无法100%确定他不是误拿。而这就是我们所说的合理质疑。"

好故事就是用叙述的方式，讲一个带有寓意的事件，让听众自己沉浸在事件中获得启迪。一个好故事不但要能广泛传播，还要能影响听众的思维、选择、判断和最终决定，因而相对于直白的道理，好故事往往让人们感同身受，能有效地说服对方。

心理学家艾利诺·西格尔曾说："没有什么语言形式比故事更有说服力了，人类包括某些灵长类动物成员之间的几乎每一种社交活动，都含有强烈的说服意味。所以，影响人们决策的有关心理过程的知识具有积极的、不可低估的潜在意义。"故事无疑是最有说服意味的形式，因其本身的生动性和形象性，更容易以对方的思维习惯说服人们。

然而，在使用故事法则时，我们也有需要注意的地方，那就是故事

第1章
记住这些，让金句脱口而出

要尽量精练，不要铺陈太多。过长的故事会给人以疲劳感，铺垫的东西过多也可能让对方抓不住你想表达的重点。在精练故事上，我们要多学习古人，春秋时期的说客在说服人时往往喜欢采用精练的故事。

《邹忌讽齐王纳谏》我们都学过，邹忌用的就是一个非常精练的故事：

邹忌问自己的妻子："我和城北的徐公相比谁更俊美？"妻子说："当然是你，徐公怎么能比得上你啊！"邹忌有些不信，又问了自己的妾室，妾说："徐公怎么能比得上您呢？"

邹忌又问门客，门客回答说："徐公当然不如您俊美啊。"邹忌这才相信自己比徐公俊美。

然而隔天，徐公前来拜访邹忌，邹忌在席间仔细观察对方，自觉不如对方俊美，这就证明了之前三个人说的都是谎言。

邹忌用一个极端的故事，表达了深刻的含义：他自认为不如徐公俊美，但妻子爱他，妾室惧怕他，门客有求于他，所以都说他比徐公更俊美。齐国幅员辽阔，有120座城。在宫中，大王身边的姬妾没有不偏爱大王的；朝中的大臣没有不惧怕大王的；国内的百姓对大王都有所求。由此看来，大王如果不虚心纳谏一定更容易受到蒙蔽。

想要讲好精练且有效的故事，日常进行系统的演练是必不可少的。在讲故事之前，我们需要对故事进行一个系统的梳理，这对故事良好的呈现是非常有帮助的。将故事的要义、人物关系、主题都要整理好，这样才能讲出流畅、生动的故事。

如果你能够反复地练习，那么你讲故事的能力也就会不断地提高，直到有一天你会发现，即使你不再进行大量的练习，也能够将故事的结构和起承转合处理得很好了。

幽默法则：谁能拒绝和脱口秀演员聊天呢？

剧作家萧伯纳说："没有幽默感的语言是篇公文，没有幽默感的人是尊雕像，没有幽默感的家庭是间旅店，而没有幽默感的社会是不可想象的。"

和幽默的人交流是一种享受。一句脱口而出的话，从对方的嘴里说出来，显得那么与众不同；一个随意的观点，经过对方的加工，就成了一个绝妙的段子。可以说，幽默既取悦了自己，也打动了别人。

同样的，想要让别人乐于与我们沟通，享受与我们交流的过程，那么幽默法则就是必须要掌握的。

在这里，我们需要将幽默与滑稽分开。所谓幽默，就是用恰如其分的语言，传递出可以让人轻松愉快的信息，但滑稽并非如此，滑稽往往是为了搞笑而搞笑，对待任何内容都不严肃，往往还有种出丑卖乖、博人一笑的心理。幽默的境界则更高，它是一种机智，往往有着丰富的内涵，让人忍俊不禁之后亦回味无穷。

一个部门正在开会，台上经理讲得正起劲，突然一个员工"砰"的一声站了起来，吓了大家一大跳。经理问他有什么事，这位员工却懵懂地揉揉眼睛，顺便擦了擦嘴边的口水。原来，由于经理的报告内容实在是太无聊了,这名员工昨夜忙着工作又熬了个通宵,听着听着便不知不觉地睡着了,头撞在桌子上,便被磕醒了。

正在所有人都憋着笑等着看好戏时,经理却笑了笑,挥手示意员工坐下,提高音量说:"各位,现在大家都知道我刚刚做的报告有多激动人心了吧!"

> 虽然我很不高兴,但也不能让大家下不来台,就开个玩笑化解一下吧。

经理用机智的语言化解了员工和自己的尴尬,这就是幽默。"幽默"这种交流工具人人都会用到,但不是任何人都能够用得高明。那么,在交流时我们应该怎么践行幽默原则呢?

第一,要在平时善于思考,善于积累。现在网络上很多谈话类节目中，各种金句频出，我们可以经常看一些这类节目，思考嘉宾们的语言特点，积累各种幽默的素材，以便能够在适当的场合使用。

第二，善用"自嘲"这种工具。沟通中遇到尴尬的情况，尤其是被人针对时，不卑不亢地自我调侃，不仅能够体现自己的自信、大度，更能化解尴尬，而且还是一种含蓄的回击。自嘲是一种我们日常都需要练习的技能。

小苏个头比较小，快30岁了还没找到女朋友。一天午饭过后，办公室里几个同事在一起聊天，两个同事没心没肺地说："小苏啊，现在的女孩哪个能相中他！""话不能说死了，人家武大郎还娶了潘金莲呢！""哈哈，如果他能去打篮球，那该多好玩……"

正在这时，小苏走了进来，毫无疑问，刚才同事的对话被他听到了。只见小苏不但没有生气，反而笑嘻嘻地说："是啊，我打篮球差点意思，但咱不长个长智商，论下棋全公司谁下得过我？苏联第一个宇航员，千挑万选，还专门挑了个矮个子加加林，高个子还不行呢……"

小苏一席话，维护了自己的尊严，也缓解了同事们的尴尬。

第三，表达对他人的意见时，尤其要善用幽默。批评的话语谁都不爱听，但如果为批评披上幽默的外衣，则能在维护对方自尊心的前提下，让对方适时察觉到自己的错误。

轻松幽默的语言会减少对方紧张和对立的情绪，也能体现批评者的机智与良苦用心。突如其来的，具有压迫感、严苛的批评会增加对方的逆反心理。一旦你过于犀利的话语突破了对方的忍耐极限,交流双方就可能会发生争执。而幽默式的批评不仅不会使对方反感,而且还会拉近你与对方的距离,让对方心甘情愿地接受你的批评。

东方朔知道晚年的汉武帝常常希望自己长生不老。有一天,汉武帝对他说:"相书上说,鼻子下面的'人中'愈长寿命就愈长,'人中'长一寸,能活一百岁。不知是真是假?"东方朔听了这话,没有立即回答,而是脸上露出一丝嘲讽的笑容。汉武帝见东方朔默不作声,而且还嘲笑他,不禁大怒道:"你这是在嘲笑我吗?"

> 你这家伙说话还挺有趣的。

> 我说得越有趣,您才越爱听啊。

东方朔收起笑容，一本正经地回答："我怎么敢嘲笑陛下呢？我是在笑彭祖的长相实在是过于难看了。"

汉武帝不解地问："你为什么要嘲笑彭祖？"

东方朔说："史书上记载，彭祖活了八百岁。如果真像陛下说的一寸'人中'活一百岁，彭祖的'人中'就该有八寸长。那么，彭祖的脸岂不是太难看了吗？"

汉武帝听了也哈哈大笑起来。在这个故事里，东方朔就是凭借自己风趣幽默的语言，以嘲笑彭祖之名来讽喻皇帝。

恰逢时宜的幽默，可以帮助我们轻松地调控聊天的气氛，并成功地掌握沟通的主动权。但也有太多人，为了搞笑而搞笑，这就彻底误解了幽默的本质含义。幽默永远是自然流露的，它只有恰逢时宜才能准确无误地挠到别人笑点上。在交谈的过程中，如果你时不时便抛出两个干巴巴的段子，拼命想着要逗乐别人，你是不会成功的。正确的做法是，投入交流沟通的过程中，在适宜的时候说上一两句适宜的幽默的话，既快乐了别人，也开心了自己。

有效原则：统一认识才能避免误判

读者可以试想一下，周五的晚上，辛苦了一周的你是想回家安安静静地刷剧、打游戏、看电影还是想出去和一个不算太熟的人应酬一个晚上？相信大多数人都会选择前者，然而现实是，后者却往往是我们必须要做的，因为只有经过了这样的应酬，我们才能达到某种目的。

这也就是说，我们的大多数沟通都是带有目的性的。那么，怎样才能通过沟通达到我们的目的呢？通过沟通将某种信息或观点传递给他人，进而达成我们的某种目的，这表明沟通是有效的。也就是说，好的沟通必须建立在有效这个基础上。

那么，我们又要怎么实现有效沟通呢？

一位演讲高手说过，"在我开始演说之前，必须明确整场演说的目的，并且将这种目的性贯彻到特定的某些话当中，以便能够将我的观点传达给读者，让他们明白。"

这位演讲高手在演说之前，会用大约15分钟的时间来分析、明确所面临的形势。认真思考，这次说与上次所做的及下次要做的有什么不同。分析主要从4个问题展开，分别是：为什么做这次演说？想通过演说去说服谁？演说需要用多长时间？选择哪一种媒介能把演说做到最好？

从这位演讲高手的理论中我们能够看出,对于有效的沟通而言,拥有明确的目的是无比重要的。

> 在我开始演说之前,我们必须明确整场演说的目的。在沟通之前,我们必须要明确为什么要开展这一次沟通,有了明确的目的,沟通才有指向性,才有继续的意义,我们也可以在沟通结束之后对沟通效果进行评估,从而有针对性地改进沟通技巧。

其次,保证沟通有效进行的第二点是共识。共识指的是我们必须与沟通对象有相同的观点或愿景。

沟通是没有强迫一说的,如果我们勉强别人听我们说话,那么沟通效果绝不会好,为了实现沟通的有效性,我们必须确保对方乐于接受沟通。

一个企业的管理者想通过沟通的方式让员工更加努力地为自己工作,尽管他把话都说尽了,但员工仍然一句话也没有听进去,最终这位管理者生气了,他觉得面前的员工是一个无法沟通的人,最后,他愤怒地赶走了员工。

是这个员工真的无法沟通吗？事实却并非如此。企业管理者所谓的沟通，完全是站在自己的角度对员工提要求，他并没有找到与员工同样的愿景。他要求员工努力地工作，但员工想要什么呢？他并不关心。在这样的情况下，沟通自然是无效的。但如果他能够耐心地听一听员工想要什么，然后将双方的目的中和一下，那么效果就完全不一样了。

小野大学毕业之后，只身来到北京，准备报考北京师范大学的研究生。一年之后，考研败北。小野不愿罢休，继续复习再考，第二次还是以失败告终。就在她准备第三次复习迎考的时候，她的表哥韩成觉得有必要跟她聊聊了。

韩成知道表妹复习的辛酸和痛苦，他对表妹说："考研这么辛苦，你经历了这么大的挫折，无论是身体还是心灵都很疲惫。你想继续考研，哥不拦着你，当然，我现在只希望你静下心想一想，考研是为了什么？"

小野红了眼圈说："我自己知道，我高考的时候就想考北京师范大学，但没有发挥好，可是我相信只要努力，一定能进入北京师范大学。"

韩成接着问："你觉得考上了能证明自己，那么你想证明自己什么呢？"

小野："我想证明自己是个足够聪明的、能做成事情的人。"

韩成："证明自己是个聪明的、能做成事情的人，这个出发点非常好，当然你也为此付出了两年的努力。今天我想说的是，如果两年的努力没有让你得到自己想要的，你知道你会得到什么吗？"

小野："失败和别人的嘲笑。"

韩成："不，事情并不是你所想的那样。你会得到更好的。因为你用了两年的时间证明了考研的确不适合你，证明了你可以去寻找新的希望了。证明自己是个聪明的、能做成事情的人，这是目标，实现这个目标有很多方法，不只考研这一个，是吧？"

这场谈话结束之后，小野收拾了行李回到家乡，开始踏踏实实地找工作了。

保证有效沟通的第三点是让沟通建立在对等的基础上。沟通不是命令，如果有命令的强迫力，我们自然也就不需要和人沟通了。我们无法强迫任何人与我们沟通，所以，我们就必须和对方站在同一个层面上。

有效的沟通必然是建立在双方互相交流、互相妥协之上的，但如果有一方认为自己完全不需要与对方交流，自己完全不需要向对方妥协，那么沟通也就没有存在的必要了，直接向对方下达命令就可以了。所以，为了保证沟通有效，双方必须站在一个对等的平台上。

先确定沟通的目的，然后与沟通对象达成共识，并且在平等的基础上交换意见，这三点共同构成了沟通的有效原则，而根据有效原则开展的沟通，最终必然会是一次成功的沟通。

记住这些，让你的对话水平提升一个档次

1. 当你需要请求别人帮忙时，你可以说：

赵姐，这方面是你的专长，而且能够极大地帮到我。如果你有空，我想听听你的意见。

2. 当你想要表达感激时，你可以说：

王哥，你的帮助对我来说意义非凡，真的非常感谢。我会一直记着你对我的帮助的。

3. 当别人对你的成就表示赞赏时，你可以说：

这也多亏了大家的支持和鼓励，这是我们一起努力所取得的成果。

4. 当你想要拒绝别人的请求时，你可以说：

小冷，我非常想帮你，但目前我可能能力不够。不过，我会尽力帮你想想其他解决办法的。

第1章
记住这些，让金句脱口而出

5. 当你想要对别人的错误表示理解时，你可以说：

张哥，你不要太在意这些。每个人都会犯错，关键是咱们能从错误里学到什么。

6. 当你想要表达愿意帮助别人时，你可以说：

路总，能帮到你真是太好了，你以后需要什么帮助也请随时告诉我。

7. 当你需要向别人道歉时，你可以说：

李总，我真的很抱歉给您造成了这样的困扰，我会立即采取行动，来纠正这个错误。

8. 当你想要表达对别人的尊重时，你可以说：

小箫，你的观点让我耳目一新，我从未想过这样的观点，但我非常尊重你的想法。

9. 当你想要鼓励别人时，你可以说：

小刘，你已经做得非常好了，只要在这个方面继续努力，肯定就能实现你的目标。

10. 当你想要安慰别人时，你可以说：

露露，我知道这个阶段对你来说很难熬，但请你记住，我一直都会支持你的。

11. 当你想要表达谦逊时，你可以说：

我知道，我还有很多东西需要学习，我非常感激并且珍惜能有这个机会展示自己。

12. 当你想要和别人建立信任时，你可以说：

唐姐，我非常珍视我们的关系，我相信我们能一起合作，并且找到最好的解决方案。

13. 当你想要对别人的努力表示认可时，你可以说：

小孙，你的努力让整个团队都受益匪浅，非常感谢你的贡献。

14. 当你想要建议别人改变方法时，你可以说：

小南，你的方法很有创意，我们可以在此基础上加入这种方式，让效果变得更好。

15. 当你想要对别人的决定表示支持时，你可以说：

钱工，我完全支持你的决定，我相信这是一个明智的选择。

16. 当你想要表达对团队合作的期待时，你可以说：

小顾，你的能力很强，通过我们的共同努力，我相信我们能够实现这个目标。

17. 当你想要对别人的批评表示接受时，你可以说：

丽丽，非常感谢你的反馈，我会仔细考虑并尽力改变自己的。

18. 当你想要赞美别人的表现时，你可以说：

周姐，你在这方面做得太好了，我真的很佩服你。

19. 当你想要向别人求教时，你可以说：

霍工，您在这方面的经验非常丰富，我想知道您是如何处理这个问题的？

20. 当你想要对别人表示感谢时，你可以说：

鹏哥，你为我所做的一切，我真的非常感激，谢谢你。

21. 当你想表达对某件事的期待时，你可以说：

小吴，我很期待我们能共同完成这项任务，我相信我们的合作会非常愉快。

22. 当你想要表达对团队的信任时，你可以说：

我对咱们的团队充满信心，我相信咱们上下一心，就能够克服所有困难。

2

应酬技巧:
有效沟通,准确表达

恭维赞美：提升你人际友好度的准则

在这个世界上，几乎每个人都希望得到他人的赞美，希望别人能发现自己身上的闪光点。

赞美犹如阳光，它使人感到温暖，一顶"高帽子"送过来，只要符合沟通对象的"尺寸"，那么所有人都会乐意接受。有时候，即使沟通对象明知我们说的不过是些奉承话和假话，心中也会沾沾自喜，这是人类的通病，是人性的弱点。

获得别人的肯定和赞美是人类共同的心理需要，一旦这种心理得到满足，那么人们对于给予他这种心理满足的人就会产生好感。所以，我们在商务应酬时，应该有技巧地给对方戴"高帽子"。

阿明是公司的销售员，在与客户的交谈中，阿明对客户公司的各方面都展开了评论，讲得头头是道，脸上还不时流露出敬佩的神色，客户越听越高兴，索性对阿明讲起了自己创业的经历。阿明做出洗耳恭听的样子，不时说上几句助兴的话："您说像您这么稳重成熟、思考周密的老总，还这么平易近人，真是太难得了！"客户越讲越兴奋，对阿明的印象也好了起来。

第2章
应酬技巧：有效沟通，准确表达

阿明见时机成熟，便趁机说道："听您讲起您创业的这些事儿，真是让我感触良多，创业若是兜里没钱，简直是寸步难行！但是您硬是靠着实力闯了出来，真是太厉害了！可惜的是，我们老总无论是能力还是运气，都比您差一点，他现在只能靠着您的这笔单子来翻身了，同是干事业的人，您可千万不能见死不救啊！"

那位客户心里很开心，嘴上却故意说道："你这单子太大了，我得考虑考虑。"他装着沉思了好一会儿，终于"艰难"地做出了决定："小伙子，你也跑了好几趟了，看得出来，很有诚意。下午你先把合同拿来让我看看吧！"

> 我太佩服您这样成功的创业人士了，您一直是我追寻的榜样，我希望您能对我指点一二……

> 你这小伙子，说话还蛮好听的。

阿明正是抓住了客户渴望得到他人认可的特点，"恭"其所需，才获得了成功。

当我们要去恭维一个人的时候，要想说得对方心花怒放，就要站在对方的角度去恭维他心中最敏感、最柔软的地方。要相信一个能走进他人心里的人说的话，远比客客气气地点头之交说的话有分量得多。

同时，当与沟通对象在认识上、立场上产生了分歧的时候，也不妨运用恭维这一技巧，适当地给对方戴戴"高帽子"，这样不仅能化解矛盾，更能促进相互之间的理解，加速沟通的进程。

在一个公开场合，某个商人因为一件小事得罪了在场的一位官员，这个商人当然知道这位官员正好可以管自己，但他却不慌不忙地说："你别以为你当官就了不起！我不小心得罪了你，我向你赔礼道歉便是，有什么大不了的。你可知道××就在你们局当局长，他为人正派，你想要整治我，恐怕也没那么容易。"而其实，这位官员就是商人口中的××局长。

局长一听这商人如此夸赞自己，心里的怒气自然也消失得无影无踪了。

学会给人戴"高帽子"的技巧，你就掌握了调制沟通良药的方法。它能够消除对方因自己的错误言论而引发的不愉快，能够为人除去心头的阴霾，甚至提醒人们矫正错误的行为，鼓舞人们改善态度，营造新的沟通氛围。

"高帽子"可以是美丽的谎言，如果你想让自己送出去的"高帽子"让人乐于接受，就应该注重表达的技巧，更要注重方式和内涵。

商务应酬中，巧妙地给人戴"高帽子"，用恰到好处的赞美去激发对方的自豪感和骄傲感，帮助他们了解自身的优点和长处，认识到自身的价值，实在是很有意义的一件事情，更能给我们带来融洽和谐的人际关系。

善用客套话：把烂俗的客套说得真诚

"家里没准备什么好吃的，咱们今天就随便吃个便饭！"

"哪里，哪里，这已经很丰盛了，饭店也不过如此！"

类似这样的对话在生活中比比皆是，无论说话的双方是否真的相信自己所说的，但至少说明了双方对于彼此的态度——友好而客气。

这种客套话，是人际交往中绝对不可缺少的，尤其是应酬场合，客套话更是比比皆是。但有些人却将客套话看作为虚伪，看成是应酬场合的糟粕，这其实是大可不必的。

在生活中，读者应该遇到过这种情况：你花了500元买了一件衣服，当你把它穿出去给朋友看的时候，朋友一句"这衣服至少得800块！"会让你高兴半天，但如果有朋友说一句"这衣服上个礼拜我在××商场见过，打完折才150块！"你肯定会感到不快，进而对这个朋友心生不满。

前一句"这衣服至少得800块"，就是典型的客套话，而后一句"……打完折才150块"虽然所说的很可能是事实，但在这个场合中，它却是不合时宜的。

客套话代表着一种友好的态度，代表着说话者对于听话者的尊重，即便这种尊重是装饰出来的。而商务应酬中，怀有尊重的态度其实是非常重要的。

> 你这衣服得两三千吧?

> 不管什么衣服一穿在你的身上就显得贵气。

> 没有,没有,才700多。

喜明是单位的经理,今天下班之后,他决定请团队成员吃饭。在饭店,喜明点了一只烤鸭。他非常娴熟地把鸭头拆下来给一位老同志,他说这叫俯首称臣,希望老同志可以对自己不吝指教。老同志面带微笑,为喜明对他的尊重而感动。

喜明把鸭翅膀拆下来,夹给了人力主管,说这叫展翅高飞,你是公司的组织者,这个自然归你。他把鸭腿给了销售主任,说这叫委以重任。把鸭心给了设计总监,说这叫推心置腹。把鸭胸给了行政部主管,说这叫胸有成竹。到最后,盘子里只剩下了一堆鸭骨头。喜明苦笑着摇摇头,叹了一口气,说这个烂摊子还得由我收拾,谁让我是经理呢?结果所有人都被喜明的这番话逗笑了,大家不得不佩服喜明的智慧与口才。

喜明用一只烤鸭展现了自己说客套话的智慧,他虽然贵为领导,但也要对下属说些好听的。当然,说客套话不是单单指说好听的话,而是指把话说好。客套话要得体,要让说出的话和说话周围的环境、自己的角色相吻合,而不能不顾环境、不分场合,说过头的话、过分的话。

与此同时,客套话还要说得准确,要符合对方的身份与喜好,不能过于奉承与谄媚。当然,如果客套话里带有自己独到的见解与深刻的思想,那就更容易得到对方的赏识与佩服。

小麦是新入职的员工,工作两个月后,大老板组织座谈并一起聚餐。尽管经理再三和大家说"要让老板看到年轻人的活力和风采",可是新人们都很紧张,端着酒杯不知道说什么,气氛尴尬极了。

小麦灵机一动,站起来端着酒杯说:"张总,您可以说是我的偶像!实不相瞒,当初应聘的时候,我就是冲着您来的,还在上大学的时候,我就听了太多有关您的传奇事迹,我一直梦想着能成为您这样成功的创业者。今天,我很荣幸终于成了公司的一分子,我终于能够近距离地向您学习,我敬您一杯!"

张总脸上是止不住的笑意:"年轻人,你过誉了!"

就这样,小麦成功地打开了话匣子,气氛也慢慢活跃起来。大家轮番向张总敬酒,张总有些不胜酒力,脸涨得通红。

> 所谓场面话，就是用语言让大家场面上看着好看一些。说话的人自然并不会很真诚，听话的人也不会完全相信，双方需要的主要是语言表达的态度，说话的人和听话的人想要和睦相处。

一顿饭吃下来，张总对小麦刮目相看，新人们对小麦的表现都佩服不已。他在酒桌上的这番客套话，既恰到好处地恭维了张总，又打破了尴尬的局面。

有些时候我们会像其他新人一样，在应酬中不敢说也不屑于说客套话，就是这种怕丢面子的心理会让我们错失表现的机会，所以客套话要敢说，也要会说。

高明的客套话让人听着舒坦，在应酬中使用客套话和对方交流的时候，要注意表现出对对方的兴趣，让对方感知到我们的真诚。

人情世故的客套话不妨多说一些，每个人在社会上生存都不容易，如果客套话能让我们与他人少一些隔阂，获得更多打动他人的机会，那么何乐而不为呢？

高明的客套话会帮助我们获得更好的人缘，很多时候，这算不得虚伪，也不是所谓的欺骗，而是一种生活的"必要"。客套话惠而不费，却能用人情换人情，未尝不是一种智慧。在应酬中，处处都离不开客套话，掌握了说客套话的技巧，就能帮助你在社交中生存、扎根。

说好场面话：用场面话搬走绊脚石

旧上海有句话"人有三碗面最难吃：脸面、场面、情面。"这句话被很多人奉为行走"江湖"，应酬交际的金科玉律。单从场面而言，指的是人与人交往过程中要营造出一团和气的场景。我们在社会上生存，在与人交往中要能获得自己的一席之地，谁喜欢总是与人发生矛盾呢？即便只是场面上的和谐，也必然是好过于四面树敌，所以，我们应该重视场面功夫。

重视场面，离不开场面话。场面话对于社交有着极其重要的作用，重视场面话，甚至能够为我们搬走一些人生道路上的绊脚石。对于看不起场面话的人来说，不妨尝试着改变态度，换一种角度去看待场面话，这会收获很多很有用的道理。

首先，我们要了解的是场面话并不都是溜须拍马，它也可以是很真诚的。

场面话大多为赞美和恭维的话语，而这些赞美和恭维之言如果发自内心，那就代表了一种善意。如果对方今天真的气色很好，不妨真诚地赞上一句："您今天气色太好了，肯定是人逢喜事精神爽。"如果对方真的足够优秀，不妨诚恳地赞上一句："您真是太棒了，简直是我的榜样！"

于人于己，都是一件很开心的事情。

在一些特定的场合，场面话是拉近彼此关系的重要手段。擅长说场面话的人并不意味着高调张扬，他们中的很多人其实很懂得收敛锋芒、低调谦虚，他们能在任何场合既恭维了别人，同时又表现出自己的能力，从不会招来别人的忌妒。有时候，高明的场面话能够缓和气氛、提前热场。那些擅长交际的人，他们之所以能够在交际场合左右逢源，正是因为他们深谙用场面话搬走绊脚石的技巧。

古时候，一位考官发现有个考生与自己同名同姓，在叫考生的姓名时他有意调侃道："这位考生，你与本官同名，真是太巧了，本官理当照顾。这样吧，我出一联让你来对，你若能应对如流，本官就对你的卷子多看一眼。倘若你不能回答，那还是先回老家再读几年书，下届考试再来吧。"

考生一听，自己的名字居然与考官一模一样，这可算犯了忌讳。他心里非常着急，但转念一想这种事情在所难免，且又没办法改名，只好低声答道："小生的名字乃家严所取，不敢擅改，还请大人见谅。"

考官微微一笑，朗声说道："蔺相如，司马相如，名相如，实不相如。"

考生一边对考官作揖，一边说道："魏无忌，长孙无忌，彼无忌，此亦无忌。"

考官出的上联借用历史人物，暗示考生，你我姓名虽一样，但无论是资历学识还是声望家底，方方面面你都不如我，而考生亦以历史人物，巧妙地向考官回敬道古人都不忌讳同名，您又何必同我计较呢？

文化人的场面话处处充满着机智与才学，考官介意的是自己和一个名不见经传的小考生同名，但是他没有当场发火，反而用对联这么文雅的方式开了一个玩笑，而考生也用对仗工整、绵里藏针的下联表达了内心真实的想法。这样一番你来我往的场面话，反而让考官放下了芥蒂，对考生刮目相看。

这个考生无疑是有智慧的，他成功地运用这种极其巧妙的场面话搬走了绊脚石。同样的道理，在生活、工作中，如果我们遇到了类似的情况，既想展现出自己的风度，又想不落下风，便可以用巧妙的场面话来解决问题。

我们既要会说场面话，还要能听懂场面话，只有弄清楚了对方真实的意图，才能扭转局势，很好地解决问题。

小胡是公司的老人，却一直没有得到升迁，眼见着身边的人都提了主管，他内心很着急。有一天，他鼓足勇气去拜访负责人事的刘经理，向他表明了调职的愿望。刘经理对他说："这个事儿可不好办呀，不过胡工你放心，你是公司的老人了，你的忙我肯定会帮的！"

小胡得到了刘经理的保证，高高兴兴地回去了。可是一连几个月过去了，刘经理那边一点消息都没有。于是，他去问他的好朋友张宏，张宏告诉他，他想得到的那个职位已经被别人捷足先登了。

小胡很气愤："刘经理怎么这样啊！明明已经答应了我！"

张宏对他说，"依我看刘经理说的只是场面话。你有求于她，她如果当面拒绝了会让你下不来台，你尴尬她也不好意思，所以她只能说场面话敷衍你,你如果当真,岂不是太傻了吗?"

小胡依旧愤愤不平:"那我下次见到刘经理,一定要好好说说她!"

张宏拍拍他的肩膀:"你这个人啊,就是太不会说话了,不然以你的能力,早就升迁了!你也该学学场面话的技巧,不然总是吃亏!"

小胡若有所思。后来小胡碰到了刘经理,小胡主动说:"刘经理,你看上次调职那件事儿,我还没来得及谢您呢!虽然没调成,但领导和我说您一直为我说好话,您看咱们一起在公司这么长时间了,是我疏忽了,一直也没有机会多和您聊聊,这都怪我,以后咱们可得多走动走动……"

刘经理一见小胡这么说，也主动说："胡工，你看上一次你托我办的事情，我调解了很久都没办成，最后也没好意思跟你说。"

小胡笑了笑说："刘姐您太客气了，我求您办事，您还说不好意思，其实我也没有信心，只是想试试而已。我竞选不上是我的能力不够，跟您没关系，我也知道您费心了，只是没空出时间去感谢您，我还觉得不好意思呢。"

刘经理没想到小胡会这样说，心里对他有了好感，从此对小胡的事情也开始上心了。

直率的小胡在经历了一次教训后终于意识到了场面话的重要性。可见，说场面话的能力是在每一次的历练中学会的。在不同的场合都要学会审时度势，听话要听话外音，说话要说中听话，不要不耐烦，更不要自作聪明，否则不但搬不走绊脚石，还有可能砸伤自己的脚。

每个人的经历不同，成长不同，面对的人群也不同，你不得不顾及他人与自己的感受。如果害怕锋芒毕露会伤害别人，委曲求全又会贬低自己，不妨试试说一些得体的场面话。

所以，学会说场面话会让彼此都在一个合理的范围内相处，这种相处模式会带给彼此自由与智慧，遇事不愤怒，有话好好说。场面话该说就说，面子事该做就做，凡事讲究适度才能够使自己活得不纠结。

面对刁难：回击的语言要少而"致命"

生活中，总有些应酬会让我们如坐针毡，唯恐避之不及，然而却又躲不掉、逃不开。如何去和自己反感的人应酬？如何去面对那些应酬中令人讨厌的人和事？这需要我们有极高的沟通技巧。

大多数情况下，商务应酬都是场面任务，因此最忌讳过于耿直。一个"直脾气"的人，看不惯应酬中的装腔作势，不是在与人发生口角矛盾，就是在言语上给人留下把柄，进而给自己的事业"埋雷"。然而，在应酬中我们也不能一味地唯唯诺诺，因为有些人就是喜欢刁难别人，喜欢对别人横加指责，对于这样的人，我们一味忍让也不是好的应对办法。

那么，真的遇到了商务应酬中突发刁难等特殊状况时，我们要怎么应对呢？对于此，我们要坚持以下几个原则：

第一，对于搬弄是非的人，明面上应对，暗地里敬而远之。

在应酬中，一些刁难是以搬弄是非的形式出现的，如非议某些人和事并要求我们附和。对于这样的人，我们要意识到，不要轻易地附和他的言行，将自己置于是非之地。我们不要主动参与，也不要出口指责，正确的做法是含糊其词，不正面表达态度，甚至可以转移话题，然后在心里提高警惕，对此类人敬而远之。

第二，面对咄咄逼人的刁难者，以彼之道还之彼身。

在某些场合，刁难者的话完全可以作为对他们的回击，遇到这种情况，我们可以借力打力，用他们的话回击他们，即达到了反击的效果，又让他们没话可说。

一家工厂正在选厂长，竞聘者有两个，刚满30岁的马经理和年逾50的杨主任。年轻气盛的马经理当着众人的面对杨主任挑衅道："你说你都一大把年纪了，还和年轻人争什么？我觉得你也到了退居二线的时候了，不如就此退休吧，不然你就是当上了厂长，也是力不从心。"

杨主任微笑着说："姜还是老的辣，而且我觉得我还年轻得很，还能再拼个20年。我为这个厂操了一辈子心，要我退休我也放心不下。毕竟有些年轻人说话做事总是这么毛躁，我实在不放心把整个厂交到这种人手里。"

第三，言语回击要让对方知难而退。

点到为止的警告性语言，对于刁难者也是很好的反击手段，这代表着告诉刁难者适可而止，既没有撕破脸皮，也达到了警告的效果。

在某个相亲类综艺中，一位女嘉宾态度高傲地对台上的男嘉宾说："你想带走我？我的理想型男人可一定要开B字头的车才行，这样才配得上我！你有吗？"这位女嘉宾口中的"B字头"的车明显指的是奔驰与宝马，男嘉宾一脸尴尬地站在那里。

主持人见男嘉宾下不了台，于是说道："其实我也有一辆B字头的车——比亚迪，既经济又实惠，男嘉宾，你刚才在VCR（综艺节目中的一种视频短片）里介绍说自己的车是别克，也是B字头的，可比我这比亚迪好多了。所以不用往心里去，没什么大不了的。"

主持人一说这话，男嘉宾明显轻松了下来，女嘉宾却不敢再回击什么，因为她如果再说什么过分的话，那么主持人接下来的话可就更难听了。

第四，对无理取闹者画出底线。

对付那些歇斯底里的刁难者，我们一味地忍让也是不行的，关键时刻，还得"敲山震虎"，让对方明白我们的底线。

一位小提琴演奏者正在街头卖艺，有一个无赖听了一会儿，掏出一张纸币朝着演奏者不屑地扔了过去。那张钱几乎甩到了演奏者的脸上，又轻飘飘地落在了他的脚边。

演奏者收起了提琴，拾起那张纸币，递给无赖，礼貌地说道："先生，您的钱掉了。"那无赖接过钱说："这是我赏给你的。"一边又将钱朝演奏者扔去。演奏者眼神真诚，不卑不亢道："先生，谢谢您的资助。刚刚您的钱掉到了地上，我帮您捡起来了，现在我的钱也掉到了地上，麻烦您也帮我捡起来。"

路人议论起来，看着无赖，无赖最终还是将钱捡了起来，放在琴盒中灰溜溜地离开了现场。

总而言之，面对不期而至的刁难，我们最应该做的是时刻保持理智，不要让刁难的话语攻破你的情绪防线。

在公开场合，即便是我们占理也不要与刁难者纠缠不休，因为那样只会损害我们的形象，因为除非我们可以变得和刁难者一样不讲理，否则我们是吵不赢对方的。克制、理性、不卑不亢地巧妙反击，才是我们应该保持的态度。

> 面对刁难要不卑不亢，不要一味忍让，也不要得理不饶人，我们要做的是尽快结束这个氛围不好的交流或话题，不给对方纠缠我们的机会。

饭局冷场：画好3个框，冷场就不用慌

商务应酬中，最怕的就是遇到冷场，然而冷场却又是商务应酬中出现最多的问题。原因是商务应酬的参与者，互相之间往往介于陌生人和朋友身份之间，互相认识，但又不熟悉，因为某种原因凑到了一起，太深的话没法说，场面话也只能点到为止。

然而，我们也会看到一些人，他们身边从不会出现冷场，面对任何沟通对象，他们总是能够与对方侃侃而谈，那么他们是怎么做到这一点的呢？其实，化解冷场并不困难，一个善于思考的沟通者，只要做好以下3点，就能够轻易化解冷场。

化解冷场原则1：话题选择要让人愉悦。

对于社交应酬而言，话题的选择至关重要。选择一个让对方感觉愉悦的话题，是一场有效谈话的开端。想要获得良好的谈话效果，想要在应酬时与对方建立良好的沟通，不仅需要我们有着熟练的语言技巧，还需要我们有甄别话题、选择话题的能力。

刘想是同学里高情商的代表，他在与人交流的时候总是会巧妙地将话题引到对方自豪或感兴趣的事情上。

大学毕业后在一家国企实习时,对与领导进行工作上的交流,刘想总是非常积极,时常大胆地提出自己的见解,一有空闲时间,刘想便一个劲地询问领导当年的奋斗历程,并请求领导给予自己职业规划上的指导。在与异性大龄同事交流的时候,刘想就一个劲地夸对方有品位、天生丽质、保养得好;哪怕在与清洁工大妈交流的时候,刘想也保持着耐心,不厌其烦地倾听着大妈的那些家长里短的琐事,时不时插几句深表认同的话语,几次下来,清洁工大妈便对这个小伙子称赞个不停。

> 他怎么跟谁都有得聊?

> 小刘我在学校的时候,上到老师下到同学,我都能说上几句。

化解冷场原则2:人人都喜欢谈自己。

卡内基说:"钓鱼的人要知道鱼爱吃什么,即使你自己喜欢吃起司,但将起司当作鱼饵是钓不起半条鱼的。"在社交场合，如果不能够抓住谈话的重点，不能够激起对方与我们继续交谈下去的兴趣，哪怕我们的见解再独到，口才再好，也是白费力气。

伊斯曼是一位企业家，他计划斥巨资为罗切斯特市建造一座歌剧院、一座纪念馆和一座戏院。这个消息传出来的时候，很多制造商都赶来请求参与建设，这当中就包括某建筑公司的经理人亚当斯。

亚当斯希望自己的公司能够成为伊斯曼的合作商。两人第一次见面的时候，伊斯曼显得极其傲慢冷漠，他埋首于桌上的一堆文件中，对尴尬地站在那里的亚当斯没有打一声招呼。亚当斯并没有生气，他一边耐心地等待伊斯曼忙完，一边安静地打量起四周来。

伊斯曼觉得很奇怪，便抬头问道："请问您有何见教？"亚当斯啧啧称奇："先生，这是我从事室内木工装修以来见过的最精致的办公室了！这装修真是匠心独运啊！能否请问设计师是谁？"伊斯曼一听便来了兴趣，站起身来，介绍说："这间办公室是我亲自设计的……"

伊斯曼看见亚当斯赞赏不已的样子，心里很得意。亚当斯一听伊斯曼本人就是设计者，便连连问起关于设计构思、灵感之类的问题来，伊斯曼越说越高兴，两人一直从早上谈到了中午。最后伊斯曼还特意邀请亚当斯共进午餐。这顿午餐的气氛极其融洽，亚当斯最后不仅谈成了这桩生意，还与伊斯曼成为终身的好友。

既然人人都喜欢谈论自己，就不妨投其所好，让话题紧紧围绕着对方重视的地方、得意的地方、感兴趣的地方来展开。让对方自己打开话匣子，这样一来，冷场自然而然也就不存在了。

化解冷场原则3：从共同点上说。

在商务应酬中，利用"共同意识"的心理，从双方的共同点说起，是一个打破冷场的好方法。

有一个商人在拜访一位潜在的大客户之前，通过各种渠道了解到对方和自己一样对足球很痴迷，便专门设计了一张特殊的名片，名片上巧妙地透露出他是一位疯狂球迷。见到这位大客户的时候，这个商人便把这张名片递了出去。

结果客户一看到名片，立马便问道："你也对足球很感兴趣吗？"商人接过话头，便与客户聊起了足球，两人聊着聊着，发现他们喜欢的球员和支持的球队都是一样的。两个人居然变成了"一个战壕里的球友"，最后不仅谈成了生意，还经常一起出去看足球比赛，就此成了好朋友。

在与对方交谈的时候，想要迅速地打开话匣子，拉近距离，不妨找找彼此身上的共同点，或者双方都很熟悉的人或者物，围绕这些交谈，谈着谈着，你会发现，彼此的那种生疏和警戒心理不知不觉间已经消失，感情也比一开始要融洽得多。

应酬禁忌：不要"痛"言无忌

小孩子天真活泼、无拘无束，因此就算他们说错话，我们也会认为是童言无忌，不会去计较；但是成年人可不会受到这种优待。如果一个成年人说话没有分寸，那就是口无遮拦，"痛"言无忌了。

我们经常会遇到一些说话不加思考的人，他们经常口无遮拦、不分场合地高谈阔论，秉承着为人"真实豪爽"的信念，仗"言"走天下。然而，我们也会看到他们经常与同事、朋友之间发生冲突，问题就出在了他们这张嘴上。

在应酬中，聪明的人会根据时间、人物、事件、地点的不同，相应地调整语气的轻重缓急，这样才能把握交流的动态，掌握互动的规律。说话的目的是要向对方传递某种信息，口无遮拦的人讲话没有分寸，会给人留下没有修养的印象，不但目的达不到，反而容易得罪他人。

刘静是一家私营企业的销售主管。她在工作上很有冲劲儿，经常会冒出一些闪光的好点子，上司因此很器重她。在公司召开的各种会议上，刘静总是滔滔不绝。她不仅针对自己部门的事情提出各种看法，还对其他部门提出建议，虽然她是出于好意，但却让其他部门的同事听了很不舒服。

在公司年会时,同事们本来聊得很开心,结果聊着聊着就聊到了工作上面,果不其然刘静又犯了毛病,在饭桌上自顾自地谈自己的观点,对其他部门的工作指手画脚、品头论足。结果,其他部门的一位领导借着酒劲站起来反呛她:"我们部门的失败是什么原因,不用你一个销售来指手画脚,以后有意见可以让你部门的经理来传达,不好意思,今天开年会,是大家开心的日子,我不想听您的高论。"

刘静因为口无遮拦,当众评论其他部门,必然会伤到别的部门的人的自尊,戳到别人的痛点,年会这样一个热闹的场合也被她搅和了。

口无遮拦的人说话像一艘漏水的船，每一个搭客都想赶快逃离它。因此我们在平时的交流中还要注意的是，不仅自己不能成为口无遮拦的人，而且在口无遮拦的人面前也要尽量少说话。

应酬中的另一个禁忌也是我们需要注意的，那就是不要开过火的玩笑。

玩笑本来是应酬中的调剂品，会加深彼此的印象，让场面轻松起来。开玩笑的前提是不要伤害别人的自尊，所以我们要考虑玩笑的后果，当过火的玩笑变成了闹剧，不但会引起对方的厌烦，还会失去他人的信任，一旦给人留下不可靠、不可信的印象，再好笑的玩笑在他人眼里也是一种哗众取宠的卖弄。

阿兰和崔安妮是大学同学。一次，两人相约去酒吧喝酒，正巧遇到了阿兰高中时的几个朋友。她们已经有好多年没有见面了，这次能在酒吧相遇，真是有缘千里来相会。老朋友相见当然要一起喝上几杯，于是阿兰拉上几位朋友一同坐在了吧台前。

谈话的时候，朋友们把目光转向了阿兰的朋友崔安妮。阿兰这才意识到由于过度兴奋忘了将好友介绍给大家了，于是，她高声地介绍道："崔安妮，我多年的好友，你们别看她外表清纯，骨子里蛮风骚的，是一枝等爱的玫瑰……"说到这里，阿兰为了能增加一些幽默的效果，还刻意做出卖弄风骚的样子。她那滑稽的表演，立刻逗得朋友们放声大笑，其中有两个人还吹起口哨。

坐在一旁的崔安妮勃然大怒，她猛地站了起来，气愤地将一杯啤酒用力地泼到了阿兰脸上，转身离开了酒吧，临走时她转过头愤怒地对阿兰说道："我们的友谊到此为止，我永远也不想再见到你这个当众羞辱我的家伙了。"这时，一脸诧愕的阿兰简直懊悔极了，她知道自己失去了崔安妮这个朋友。

开玩笑本来是一种调节谈话气氛的良好方式，但因为过分的玩笑而使对方太难堪了，就并非开玩笑之道了。比如你嘲笑你的哥们是"妻管严"，笑你的亲戚买东西时上了当，笑你的朋友创业失败……这些都是需要同情的事情，你却拿来开玩笑，不仅使对方难于下台，而且还会使你的人缘尽失。

社交应酬中若是不顾关系如何，见谁都想显示自己"幽默"的个性，那就很容易给人留下轻浮、没大没小甚至可笑的印象。开别人玩笑时，切忌说人痛处，若是不给人留面子，拿别人的短处开玩笑，即使关系再亲密，对方也会翻脸。

读者要明白，开玩笑作为一种交流方式，其内容或多或少涉及私事、个人想法甚至揶揄对象，表达的形式也比较随意、通俗，所以在开玩笑的过程中，不要针对"人"，只针对"事"或"物"的笑话是在安全范围之内的，若玩笑的对象是"人"，尽量自嘲自黑，不要用讽刺挖苦别人来制造幽默。适当地开玩笑可以增加个人魅力，给别人带来快乐，但过火的玩笑只会在贬低自己的同时得罪他人，只有在聊天中把握好开玩笑的尺度，才能发挥出玩笑的作用。

商务应酬金句，让应酬不再口难开

1.当你想要表达对对方专业能力的赞赏时，你可以说：

吴工，您的专业能力让我非常敬佩，我非常期待能与您合作。

2.当你需要拒绝不合理的要求时，你可以说：

张总，我非常理解您的需求，但是目前的情况让我无法满足这个要求，我会尽力寻找其他解决方案的！

3.当你想表达对合作的期待时，你可以说：

林总，我非常期待我们的合作，相信我们能共同创造出令人满意的成果。

4.当你受到赞扬时，你可以：

非常感谢孙副总的肯定，这对我来说是很大的鼓励，我会继续努力的！

5.当你需要对方及时回复时，你可以说：

谢主任，我知道您工作很忙，但还是期待您能尽快回复我，非常感谢！

6. 当你需要向领导请求延期时，你可以说：

贾总，由于一些未预见的情况，我们可能需要一些额外的时间来完成这项工作。我们非常重视这个项目，并希望能得到您的理解。

7. 当你想要表达对未来合作的愿望时，你可以说：

我真诚地期待我们未来的合作，相信我们之间有更美好的前景。

8. 当你想表达对对方意见的认同时，你可以说：

小苏，你的意见非常中肯，我完全同意。

9. 当你想要了解对方的想法时，你可以说：

我很想知道你对这件事有什么看法，你的意见对我来说非常宝贵。

10. 当你想要对对方的努力表示感谢时，你可以说：

项目组的各位，我真的很感谢你们为完成项目所做的所有努力，非常感谢。

11. 当你想要表达愿意协助对方时，你可以说：

王哥，如果您需要帮助，我愿意全力支持！

12. 当你想要表达对对方尽力的理解时，你可以说：

我知道你已经尽力了，不管结果如何，我都感谢你的付出和努力。

13. 当你想要表达对项目进展的关心时，你可以说：

小华，我非常关心咱们这个项目的进展，希望你能时常与我保持沟通。

14. 当你想要表达对对方团队的赞赏时，你可以说：

谷老板，您的团队真的非常出色，我为能与这么优秀的团队合作而感到荣幸。

15. 当你想要婉转地表达对对方提议的不认同时，你可以说：

您的提议非常有意思，不过，有一些细节问题还需要我们进一步讨论。

16. 当你想要表达对合作结果的满意时，你可以说：

这次合作非常顺利，结果也非常令人满意，非常感谢所有工作人员的付出。

17. 当你想要表达愿意接受对方意见时，你可以说：

赵组长，您的意见非常宝贵，我们会认真考虑的。

18. 当你想要表达对对方企业的赞赏时，你可以说：

贵公司的业绩令人印象深刻，我们非常看重这点，希望以后有机会一起合作。

3

职场讲话:
能干,更要会说

求职面试：让对方感觉不招你就是损失

你终于收到面试邀请，并顺利来到了面试环节。这一次，你将跟众多脱颖而出的佼佼者们在面试环节一较高下。

怀着忐忑的心情，你终于等到人事部门喊了你的名字。于是，你整理好着装，做了一次深呼吸，然后推开了面试厅的大门。

我们都知道，面试是找到好工作的关键一环，因为面试的结果很大程度决定了你是否会被录用。而求职面试的关键点，就是能否在短时间内成功推销自己。

在面试环节，你的简历只能起到辅助作用，面试官并不想听你复述简历内容，你需要使用更棒的沟通技巧，让对方感觉不招你就是损失。

与面试官"过招"，我们往往会遇到下面3个场景，这3个场景虽然令无数求职者感到烦恼，但它们却是求职者打动面试官的好时机。

场景1：面试官询问缺点时，比表达更重要的是什么？

小冷要面试的岗位，是要求员工仔细认真做事的行政岗位，他的简历让面试官非常满意。于是，面试官让小冷谈谈自己的缺点，看他是否能客观认识自己。小冷说了一个缺点，面试官并没有说话，于是，小冷

为了不冷场,便又说了一个缺点,可是面试官还是没有说话。就这样,小冷把自己的缺点越说越多:

> 我有点拖延,有点马虎……学习能力也差。

面试环节,很多面试官都会采用"让求职者多说"的策略,尤其是让对方坦承自身缺点的部分,面试官会营造出一种让求职者展示自己的氛围,好让求职者能滔滔不绝地"贬低"自己。如果落入这个"陷阱",求职者就会在面试时落于下风,即便最后被公司录用,求职者也会在薪资环节与试用期环节遭遇不顺利的情况。

俗话说"言多必失"。在面试时,求职者一定要学会在适当的时候保持沉默。如果认为自己已经说完了该说的,那就告诉面试官,自己已经没有什么要说的了。在面试环节,求职者切忌为了表现自己而滔滔不绝,更不要随便采用主动出击的方式，以免画蛇添足。

场景2：面试时，你应该如何给自己留下随机应变的余地？

小顾在面试时，面试官请他谈谈在处理某工作时需要有几个要点。说完，面试官便饶有兴致地看着小顾。谁知，小顾略作思索后说道，我认为处理这个工作需要：

当面试官抛出这样的问题时，很多人都会下意识地顺着面试官的问法，回答"处理这个工作时需要3个要点"。但如果这样说，就很容易陷入"说了两个要点之后，就再也回答不出剩下的要点"的尴尬境地。

所以，当面试官询问此类问题时，求职者不妨给自己留些余地，用"我认为，处理这个工作需要以下几个要点，第一，第二，第三……"的形式来回答。除了这种问题，求职者还要注意避免把话说得太慢。比如面试官让求职者谈谈自己所学领域的拿手问题，此时，求职者一定不要滔滔不绝，而是要虚心地与面试官共同探讨，这样才不会在面试官提出难以回答的问题时落入尴尬的境地。

场景3：在面试官问出不好回答的问题时，你需要怎么做？

面试即将进入尾声时，面试官突然对小宁提了个问题，"如果有工作需要你陪着喝酒，你会不会服从公司安排。"小宁最讨厌这些事，但她沉默了片刻后回答道：

> 我认为咱们公司是一个正规的公司。既然是正常工作需要，那偶尔喝点酒也没什么。

很多求职者都会被面试官问到自己的雷区，有些求职者认为面试官"侮辱"了自己，有些求职者则认为公司不正规，存在各种"潜规则"。于是，这些求职者中的大部分都会把情绪宣泄出来，以此表达不满。

其实，求职者可以换一种说法，委婉地拒绝面试官的问题。比如，当面试官询问女生能否接受因为工作陪客户唱歌时，女生不妨回答："我认为咱们公司是一个正规的公司，没有那么多不正经的事。如果是正常工作需要，那唱唱歌也没什么。"

在面试阶段，求职者除了要规避上面3个场景的问题外，还要注意以下几个方面。

首先，无论你紧张与否，不要有太多小动作。

不少求职者都会在面试时因为紧张而做出抖腿、搓手等动作。这些动作会让面试者觉得求职者不够落落大方，从而降低他们对求职者的印象分。

其次，虽然面试题不可预测，但必要准备还是要做。

在面试之前，求职者虽然无法预测面试官会提问什么，但通常情况下，面试官的问题都是万变不离其宗的。比如"谈谈你的优缺点""为什么从上一家公司离职""对本公司有什么了解""对公司有什么需求"等。只要求职者做好准备，就能很好地展示自己了。

最后，巧用逻辑词，凸显你的逻辑性。

求职者在回答面试官的问题时，不妨多使用"首先，其次，最后""第一，第二，第三"这样的逻辑词，既可以帮助求职者梳理思路，也可以凸显求职者严密的逻辑，增加面试印象分。

恭维领导：不谄媚的恭维技巧

公司高层在开会的时候，透露出要在你和其他两个同事之间提拔一个人，你的直接领导有意无意地透露出，你的升职机会很大。回到家后，你跟家人商量了一番，决定第二天上班的时候，恭维一下自己的领导，以增加自己升职的概率。

恭维，一个看似贬义，但实际上却无可厚非的词汇。要知道，恭维并不是坏事，但如果不懂恭维，让恭维变得十分肉麻，甚至"马屁没拍好，却拍到了马腿"，那就是坏事了。

恭维领导的巧妙之处，就是要"润物细无声"地表达出自己对领导的敬仰和尊敬，毕竟好的恭维是让被恭维的一方感到舒适和愉悦，如果恭维得太过，或者让对方察觉不到自己被恭维了，那都不能算巧妙的恭维。

那么，怎么才能让恭维显得不谄媚呢？我们可以通过以下两个场景来一起研究一二。

场景1：非工作时间遇见领导，你要怎么做？

小蒋在食堂遇见了公司的大领导，为了让大领导记住自己，小蒋决定主动出击，恭维领导几句。交谈片刻后，领导对小蒋的学识表示了欣赏，这时，小蒋对领导恭维道：

> 学历只是辅助，更重要的还是实践能力。

在恭维公司大领导之前，很多人都没有时间去做调查工作。这是因为遇见大领导这件事属于偶然事件，人们无法未卜先知，这就造成了恭维时对领导喜好不甚了解的局面。当不够了解领导时，切忌用定性语言给领导"下定义"。比如，在不知道领导学历时，千万不要在恭维时询问领导的学历，以免遇到尴尬局面。我们可以提前准备一些万能话术，或者在公司手册中提前了解公司各个领导的基本情况，以备万全。

场景2：与领导偶遇时，你需要说些什么？

小苏在电梯里与领导相遇，领导主动问起小苏女儿的高考成绩，小苏女儿其实考得非常不错，但她也知道领导的儿子高考成绩非常不错，于是，她便笑着对领导说道：

> 真羡慕您，工作家庭都那么好，孩子也这么优秀。

赞美是流于表面的东西，但羡慕却是实实在在的。毕竟让自己感到羡慕的，往往来自于自己无法轻易获得的东西。来自员工的赞美和羡慕，会让领导产生浓厚的优越感，这种优越感会让领导对自己的价值有一个清晰的、正面的认知，也会让领导愿意在力所能及的范围里，给羡慕自己的员工一些益处。

比如在恭维领导时，员工可以说，"霍副总，听说您的儿子考上复旦大学了？您真是教子有方啊，我儿子要是能去复旦大学，我这辈子就知足了。"领导听到这样带有羡慕情绪的恭维，一定会觉得非常舒适。

场景3：领导来工作现场时，你要如何说？

领导来工作现场慰问，主任让小张负责接待，小张带着领导参观时，领导对小张说自己也是从这个岗位被提拔上来的。小张知道，领导前不

久还是这片厂区的一个技工组长,于是,他对领导说道:

> 我刚入职的时候,就知道您是完全凭真本事才取得今天的成就的,我真的很佩服您!

恭维领导属于"同甘",但在恭维的时候适当加入理解与共情,那就是"共苦"了。人们在恭维领导时,通常会赞美领导的名声、地位和荣誉,但如果在恭维领导时,适当加入对领导努力的称赞与奉承,不但显得更有真情实感,也会让领导觉得有被肯定的感觉。

好的共情表达方式,能让领导产生愉悦感、价值感与被关注感。比如,员工在恭维领导的时候,可以加入"这些年您为公司殚精竭虑,实在是太不容易了,不提拔您还能提拔谁呢?"用这样的理解和共情,能让恭维显得更有人情味，也更有分量。

在恭维领导时，除了上述3个场景外，还要注意两点能助力我们恭维的要素。

首先，要注意倾听领导说话。

通常来说，领导都存在"好为人师"的习惯。当领导与员工说话时，除非领导是在专门询问问题，比如工作进度，项目完成度等，否则不要卖弄小聪明，在领导面前过于展示自己，否则，即便你说的是恭维话，领导也不会把恭维话听进耳朵里。毕竟有时候，抢了领导的风头并不能让领导记住你，反而会让领导刻意回避你。

其次，注意顺着领导的话题说。

领导通常会在话语中不经意透露出自己认为优越的地方，比如反复提及"我在英国留学的时候""我当科长的时候"等等。在了解领导喜欢的话题后，员工就可以此为点，向领导提问一些关于此类的问题，这样能让我们的恭维更加事半功倍。

拒绝领导：3句话推掉自己说了不算的事

大领导决定让你带着C项目组去完成甲方交代的项目，你知道，C项目组的两个工程师都是靠关系进入公司的，根本没有什么真才实学，而且这个项目预算非常紧张，后期很容易出现资金问题。最重要的是，你还有一位直接领导，如果你越过直接领导去带项目，你的直接领导很有可能不高兴，但如果拒绝大领导，又好像故意驳大领导的面子，你不由得陷入了两难境地。

在生活中，人们或许很容易拒绝朋友的提议和邀约，但在职场中，人们却很难拒绝领导的命令。有些人口才很好，但仍然会碍于面子不知如何拒绝领导。

其实，人们需要拒绝领导，无非是因为自己说了不算，无法做主。比如领导让员工定报价，员工无法做主，于是需要拒绝领导。再比如领导让员工带项目，员工没有能力掌控全局，所以需要拒绝领导。而拒绝领导的方式有很多，下面这3个场合，相信能为你拒绝领导提供思路。

场景1：领导想让你陪客户喝酒时，你要怎么拒绝？

领导想让小李跟自己一同陪客户喝酒，小李酒量不好，而且不愿意

参加这种场合,但公然拒绝领导又显得不给领导面子。于是,小李直接对领导说道:

> 谢谢领导给我这次见世面的机会,但我刚吃了头孢,实在没办法喝酒,为了避免耽误咱们公司的事儿,领导考虑一下其他同事?

> 可以。

在拒绝领导时,员工切忌给出模棱两可的回答,尤其是"我可能有事""我可能参加不了""我应该不太行"等。这种模棱两可的回答,不仅会给领导造成"这个员工只是在谦虚"的假象,而且反反复复的回答也会让领导感到厌烦。直截了当地告诉领导,你没有办法答应他的要求,这才是最好的拒绝方式。

场景2:领导想让你加班时,你要怎么拒绝?

项目到了收尾阶段,领导想让小胡每天加班1小时,直到项目结束。由于公司没有加班制度,加班费也就无从谈起,小胡为了保障自己的权益，于是拒绝领导道：

> 这项工作需要我随时向您汇报，但您每天操心的事情太多了，让您每天都跟我一起晚走1小时我实在过意不去，我会努力在上班时间内完成工作，不会让您多费心的。

当领导提出一个不好拒绝的要求时，员工不妨把这个问题送还给领导本人。比如领导要求员工"每天晚下班1个小时"，员工就可以直接对领导说"这项工作需要我随时向您汇报，但您每天操心的事情太多了，让您每天都跟我一起晚走1小时我实在过意不去，我会努力在上班时间内完成工作，不会让您多费心的。"这样一来，领导也不会再多为难员工什么了。

场景3：用其他工作来拒绝领导。

公司会议上，领导让英语专业的小黎参加酒会，负责接待外宾。小

黎不想喝酒,但又怕拂了领导的面子,思考再三,小黎对领导拒绝道:

> 十分感谢领导的信任和重视,但我手里的B项目这周必须做完,为了不辜负公司的期望,这周我得加班把项目赶出来,这次的机会还是让给其他同事吧。

有时候,领导让员工做某事并不是经过深思熟虑的,而是一时兴起,而恰恰是这种一时兴起让员工毫无准备,把员工打得措手不及。这时候,员工想要拒绝领导也很简单,比如像小黎一样,先用"十分感谢领导的信任和重视"作为开头,然后很惋惜地表达一下自己的工作已经满了,"我手里正好有一个项目在酒会那两天截止,为了不耽误咱们酒会的进程,不妨把这个工作交给其他同事,以免出现纰漏。"相信这样表达,领导也不会再说其他的了。

在拒绝领导时,我们需要用到3句话来强化自己的拒绝。

首先，用一句话对领导表达谢意和感激。

不管是领导深思熟虑也好，一时兴起也罢，领导能把这件事安排给员工，就说明这个员工足够引起领导的重视。面对这份重视，员工也要在拒绝之前先表达对领导的感谢。"感谢老总的信任""首先十分感谢公司能给我这个机会"等，都是拒绝领导的好开场。

其次，用一句话表达自己的为难之处。

在表述自己的为难之处时，员工切忌带有情绪，切忌长篇大论，切忌用与工作无关的事情来拒绝领导。比如"我有一个紧急的工作，如果参加这个，就会对那个造成影响"，就比"那天我有事"要容易被接受得多。

最后，用一句话给出解决方案，给领导留好选择。

在拒绝领导之后，为了避免领导继续与自己纠缠，员工可以立刻给出一个解决方案，让领导有台阶可以下。如果一时想不到什么好方案，也可以对领导说"其实关于这件事，我之前设想过，如果您稍后有时间，我散会后汇报给您"。拒绝领导时为领导留好选择，相信领导也就不会再咄咄逼人了。

同事诿过：不冲突地化解冲突

跟你比较要好的同事，在某天午休时突然找到你。原来，她这个月迟到次数太多，考勤不达标。她知道你跟行政部门负责记录考勤的同事是好朋友，于是请你去"通融"一下，帮她把考勤时间补齐。你不想把公事和私事混在一起，也不愿意因为这件事把你的好朋友牵扯进来，但你跟这个同事每天都要见面，如果直接拒绝她，日后也不好相处。这时，你突然想到了一个巧妙化解冲突的办法。

在职场中，同事们彼此见面时间最长，谈话内容除了工作，还会涉及很多其他方面。然而，这种同时涉及工作与生活的事情，很有可能会给我们带来冲突和矛盾。有时候，这些冲突和矛盾还会让我们备感为难。

要想不冲突地化解冲突，优秀的沟通技巧是必不可少的，而同事之间的冲突，往往来自于以下的3个场景。下面，我们就通过这3个场景，来了解同事之间化解冲突的巧妙方式吧。

场景1：同事提出无理要求时，你要如何巧妙提醒对方？

小肖的同事小方知道，小肖跟公司人事部的面试官是老同学，于是，小方便请小肖跟面试官打个招呼，把小方的妻弟安排进公司来。小肖不

愿意助长这种风气,也不愿意因为这件事让老同学为难,于是便对小方说道:

> 求你帮个忙,跟人事部你老同学说说情。

> 如果我是负责人,凭咱俩的关系我肯定会帮你,但他是负责人,我作为朋友不能让他为难。

在职场中,最让人们头痛的就是同事之间没有分寸感的"求助"。这种时候,拒绝同事显得自己没有人情味,而且还会影响自己与同事的关系。不拒绝同事,自己心里又不舒服,害怕被同事拖下水。这种时候,最好的解决方式就是"点醒"同事。

比如同事要求你动用关系和人脉,帮他处理他的私事,你就可以巧妙地说,"我确实跟负责人关系不错,但正是因为关系不错,我不能给他找麻烦。如果我是负责人,凭咱俩的关系我肯定会帮你,但他是负责人,我作为朋友不能让他为难。"如果在你再三示意下,同事还是央求你帮忙,或者直接出言嘲讽，那也只能说明你之前交友不慎，借此机会远离他也是件好事。

场景2：聊天时，你需要如何化解冲突？

小赵的公司是大公司，同事们也是来自天南海北。有一次，小赵跟同事聊天时不小心说了方言，同事却突然生气地发起火来，小赵见同事蛮不讲理的样子也十分生气，但为了缓解冲突，他还是对同事说道：

> 你这样让我很难过。我不知道是不是因为我说了什么让你不开心，如果是，请你一定告诉我。

同事之间的冲突，往往来自于处世习惯的不同。不同的地域，不同的经历，都会造成同事之间认知的不同，而这种不同之处，就是同事之间冲突的主要来源之一。当你不明白对方为何发火时，且不妨先控制情绪，用真诚且疑惑的态度询问对方"为什么生气，是不是自己说了什么不对的话"。如果对方愿意跟你沟通,那你就赢来了一次为自己剖白的机会。如果对方正在气头上,拒绝与你沟通,你则可以使用短信、微信等方式,等对方冷静之后再与对方沟通。在沟通时,你也可以使用提问的方式,比如"是不是我说的××这句话让你生气了?这句话在我的老家是××意思,如果在你的家乡有不一样的意思,那我跟你道歉,真的很对不起。"只要我们足够真诚,就能巧妙化解与对方的冲突了。

场景3:团队内部发生龃龉时,你要如何做?

小章想出了一个非常好的创意点,这个创意点让领导赞不绝口。可是,小章的同事却十分嫉妒,开口嘲讽了两句。小章想了想,对领导说道:

> 其实,他也有很多创意点的,如果他能提出更好的点子,我很愿意配合他。

职场中最不缺少的就是竞争，但却很少有人能用平常心来正面对待竞争。有时候，太过出色的表现，不仅会引来领导的瞩目，也会招致同事的嫉妒。面对同事的嫉妒，如果你表现得太过在意，反而容易落得个"小肚鸡肠"的坏名声，但如果你不澄清自己，又容易让大家觉得你原本就像同事说的那样不堪。这时候，我们不妨用团队精神来弱化冲突，这样不仅能获得领导的欣赏，也能得到其他同事的赞许。比如"下次大家讨论的时候你多参与，平时多思考一些，相信你会有更好的创意点。"如果同事继续发难，你不妨毫不在意地笑一笑，谁是跳梁小丑便高下立判了。

其实，比事情发生之后再解决更好的方式是预防事情的发生。职场人还可以通过以下两个方面，来预防与同事之间的冲突。

第一，学会巧妙躲避你不懂的事情。

在职场中，同事们偶尔会因为彼此的喜好展开探讨，这种探讨偶尔也会升级为争吵。当你不知道同事们讨论的事情，或对事情始末没有一个足够的了解时，尽量不要开口激化矛盾，"明哲保身"才是避免冲突的好办法。

第二，学会正确请同事帮忙。

职场难免遇到互相求助的时候，可如果这个求助的话语不够打动人，不但会给同事造成困扰，也无法让你获得想要的结果。所以，在请求同事帮助时，你不妨将"我有个设计实在不知道怎么做了，帮个忙吧"改成"这个设计没有你的帮助，实在推进不下去呀"，这样既恭维了同事，也让同事心甘情愿帮你解决问题。

谈加薪：话语中试探加薪的可能性

你刚入职的时候，因为面试环节没有发挥好，导致薪资待遇比其他同事低了不少。两年过去了，你已经成了员工中的佼佼者，但薪资却比刚入职的应届生还低，这让你心理很不平衡。如果现在跳槽，你还要重新经历面试、试用期、磨合期，如果不跳槽，你又不知道如何跟公司谈加薪的事情。盘算了将近一个月，终于，你迎来了一个机会。

相信对大部分职场人来说，加薪都是一个颇具吸引力的事情，但同时也是让人很难开口的事情。其实，跟领导谈加薪，与跟客户谈生意并没有本质区别，二者考验的都是谈判技巧。所以，在张嘴之前，要求加薪的人一定要对自己有一个正确的认知，如果自己没有跟公司谈加薪的资本，那还是免开尊口为妙。如果确定自己值得公司加薪挽留，那么，你就可以有技巧、有目的性地跟公司谈判了。

下面这3个场景，是职场人常见的加薪谈判场景。关于在话语中试探加薪可能性的技巧，有需要的职场人也可以根据需要直接套用。

场景1：与领导单独相处时，你要如何谈加薪？

小关是公司重要的技术人员，但因为他所处的项目组并非核心项目

组,所以他的薪资待遇与工作内容很不匹配。这天,小关有了一个跟领导单独相处的机会,他思索再三,对领导试探地说道:

> 领导,如果您对我现在的工作情况满意的话,能否适当调整薪资?

> 你有什么事?

在面对有调整薪资权力的人时,你不妨先打探一下公司对你的满意度,如果公司对你的满意程度不错,那你就可以试探性地用与你同水平人的薪资待遇来洽谈加薪。这里的同水平人并不单纯指代同公司的同事,也指代你所处行业的平均薪资。就拿程序员来说,或许你在本公司拿到的薪资属于中上,但放在同城市同类型岗位中,你的薪资待遇仍然偏低,导致你的工作内容与薪资待遇不匹配,那么,你就可以与公司洽谈加薪。当然,这里你需要一个客观的评估,警惕自我感觉过度良好,也警惕某些不良公司的"PUA(泛指用暗示话术打击他人自尊和自信心,从而控制对方的行为)手段"。

场景2：老员工该如何跟领导谈加薪？

小李大学刚毕业的时候，就进入现在的公司上班，那时的公司还是个只有两三个人的小公司，之后，公司的规模越来越大，他的工作也越来越多，但小李的工资却一点没涨。小李很不满，于是，他找了个时间跟领导说道：

> 领导，我孩子要升学了，家中老人身体又一直不好。您看看有没有什么办法，能让我多赚一点钱呢？

如果员工不主动提出加薪，而且并没有表现出太大的不满，那公司基本都会"装傻"，不会主动为员工调整薪资。当你的工作内容与薪资待遇明显不符，且长时间没有改善时，你不妨在洽谈加薪时适当示弱，让公司没有拒绝你的理由。

比如，你可以用"个人遭遇财务危机"为借口，委婉地对公司表示，

"我在公司做了很长一段时间了,对公司也有很深的感情,但现在我遇到了难处,实在不知道如何处理了。您看,能不能让我多做一些工作,并且提高一点薪资待遇,让我渡过难关。"当你足够真诚,也足够优秀时,公司是没有理由拒绝你的加薪要求的。当然,如果你的公司在这种情况仍然采用"装傻"的办法顾左右而言他,那么,你还是早日跳出这个"泥沼"为妙。

场景 3:如何为整个团队谈加薪?

小孙跟几个同事薪资待遇都不高,但他们的工作都很繁重,技术要求也很高,几人商量之下,决定让小孙打头阵,探探领导的口风。小孙做足了铺垫之后,找了个机会对领导说道:

> 对了,上次咱们的外包公司还开玩笑,说让我们集体去他们的项目组呢,当然了,大家对公司还是有感情的,也就没有太在意。

如果骤然跟领导谈加薪，领导可能会下意识地找借口拒绝。但如果提前做些铺垫，比如有意无意透露出其他公司的招聘待遇，或对最近的工作有些微词，那么领导就会主动权衡利弊，甚至会主动找你洽谈工作了。

当领导找你洽谈时，你可以提出5年都没有加薪的前提，先让领导为你加薪10%，如果领导直接同意，就不需要再次洽谈。如果领导提出只能为你加薪2%—4%，那么你就可以采用上面以退为进的办法，与领导商谈加薪。

除了这3个场景外，职工对公司提出加薪要求时还需要考虑其他两个方面。

首先，要考虑公司目前所处的情况。

在谈加薪之前，洽谈者一定要明确公司当前情况。比如，如果你的公司当前正面临财务危机，或者现金流问题，那你就不要再火上浇油，向公司开口了。此外，你的薪资如果跟你的直接领导相近，甚至有高于直接领导的情况，那为了办公室的和谐，尽量也不要再跟领导开口要求加薪了。

其次，要考虑是否有退路和余地。

有些员工没有给自己留余地，直接就去跟领导谈加薪，但结果往往是薪资没加，双方还闹得不欢而散。如果你确定自己的能力去哪家公司都没问题，那你就有了跟公司摊牌的筹码。如果你不想离开现在的公司，也觉得去其他公司未必会被录用，那还是暂且不要提加薪的事了。

谈离职：多谈家庭问题，少谈工作问题

你的业绩十分突出，但薪资待遇却很低。这时，业内一家大企业向你抛出了橄榄枝，你很想去，但又不知道怎么跟老板谈离职。毕竟，你是这家公司的中流砥柱，如果你走了，公司很多业务都可能无法再推进下去。最后，较差的待遇让你决定还是要离职，于是你敲响了老板办公室的门。

很多员工都会因为各种各样的问题离开公司，有的因为公司没有发展前景，有的因为公司没有晋升空间，有的因为公司薪资待遇过低，有的因为企业文化和公司氛围紧张……但是，面对上述种种原因，很多人都是有离开的心，却不知如何跟公司开口。

而不知如何跟公司提离职的原因也有很多，有的因为身兼数个项目，怕公司不放人，有的因为在合同期或约定期内，有的因为跟老板或主管私交不错……总之，谈离职是让不少职场人都倍感苦恼的事情。

跟老板谈离职，无非要通过以下两个场景。只要把握这两个场景的沟通技巧，无论是怎样的职场人，都能让老板最终同意离职申请，并且还能与原公司继续保持友善往来。

场景1：与领导有交情时，谈离职时需要怎么说？

小苏的老板对他有知遇之恩，但随着公司发展越来越好，小苏的待遇却丝毫没涨，小苏打算跟老板谈离职，于是在某天下班后找到老板，对老板说道：

> 对不起，领导，我妻子产后情绪不稳定，需要我照顾，实在没办法兼顾工作和家庭了，只能离职了。

> 好的，小苏，有需要帮忙的地方你尽管说。

虽说老板与员工之间的关系属于"雇佣与被雇佣"，但不少员工都与老板有一定交情。骤然提出离职，一定要有个足够拿得出手的理由，而家庭问题就是这样的好理由。

在谈离职时，如果你单纯地告诉老板"有人给我更高的待遇，挖我去其他公司"，那么，即便你最后能够顺利离职，相信老板也不会愿意与你再有瓜葛了。此时，你不妨放大家庭原因，比如"妻子产后情绪不稳定，需要我照顾，实在没有办法兼顾工作和家庭了，只能离职"。这种情况下，即便老板再不愿意放人也没有办法了。

场景2：对工作不满时，该如何谈离职？

小陆试用期通过后，工作量突然比试用期多了3倍，但工资却还是之前谈好的数字。小陆干了一个月，觉得实在适应不了，但他又不好直接跟老板说，于是便说道：

> 我真的很想留在咱们公司，但路上需要的通勤时间太长，妻子经常抱怨我没时间多陪陪她和儿子，实在没办法，我才跟您提出离职申请。

通勤问题一直是困扰大部分职场人的大问题。在大城市里，人们每日的平均通勤时间高达三四个小时，在一些小城市里，三四小时的通勤时长也并非很罕见。所以，通勤时长是一个谈离职的好理由。除了通勤时长，"跟男/女朋友去外地工作"也是个不错的离职借口，这样的借口既能弱化你对公司的不满，也能凸显你离职的无奈。

此外，职业病也是常见的离职好借口。不管是何种职业，职业病都是很难规避的身体风险。在向老板谈离职时，你不妨告诉老板，颈椎病、肩周炎等职业病严重影响了工作效率，希望离职休养一阵，如果以后有机会，希望能再跟公司合作。当你抛出足够好的理由后，相信老板也不会再说拒绝的话了。

除了上述方法，员工还可以从以下3点技巧来辅助洽谈。

首先，不要出言埋怨公司，多说公司好的方面。

成年人之间，比"过嘴瘾"更重要的是"好聚好散"。有些员工在洽谈离职时，忍不住会出言抱怨公司，但不管是抱怨薪资待遇也好，企业氛围也罢，都只能让彼此徒增厌恶。所以，在临别之际倒不如落落大方，好聚好散，这样反而能彰显你的个人风度。

其次，尽量弱化自己真实的离职理由。

员工离职，大部分都是因为公司待遇跟不上，但如果员工直白地告知老板，又未免被老板贴上"功利""白眼狼"等不好的标签。所以，员工在洽谈离职时，尽量弱化自己真实的离职理由，多使用场面话，给彼此留一个相对较好的印象。

最后，加入强调性语句辅助洽谈。

在洽谈离职时，员工可以加入强调性语句来辅助洽谈，比如"实在没有办法""考虑了很久"等等。这样的强调性语句能告知老板你的决心，也能让你的离职理由变得不可拒绝。

职场重地，谨言不是不能言

你所在公司的领导喜欢跟员工们打成一片，不管是工作时间还是休息时间，这位领导都是笑眯眯的样子，员工们也都喜欢在他的手下做事。有一天，忙碌了3个月的项目终于干完了，大家相约去庆贺一番，领导主动说自己去买饮料，并问大家想喝些什么。这时，你的朋友小李笑嘻嘻地对领导说"随便"，而另一个同事小张也笑着跟领导说"辛苦你了"。这时，你看出领导的脸色明显沉了下来。

俗话说"国有国法，家有家规"，一个公司就像一个社会的缩影，我们需要遵守一些约定俗成的规矩，那就是对领导有充分的尊重。最起码，要在表面上给予领导充分的尊重。

有些领导喜欢跟员工保持距离，以此营造出森严的上下级氛围；有些领导则喜欢展现自己"亲民"的一面，跟员工动辄嬉笑打闹。当然，我们并不能说这两种类型的领导孰优孰劣，因为这两种类型的领导在管理公司时其风格是有利有弊的。

比如喜欢跟员工保持距离的领导可能会因为亲和力不足，导致公司没有向心力。而喜欢跟员工打成一片的领导则可能因为威信不足，而导

第3章
职场讲话：能干，更要会说

致公司氛围过于松散。但有一点是可以确定的，那就是在职场里，没有哪个领导是真的会不介意与员工之间的距离。所以，职场重地，员工一定要做到谨言慎行。

当然，谨言慎行并不是不说话。我们可以通过下面 3 个场景，来看看在什么情况下该说什么话，相信看完这 3 个场景，你就会明白谨言慎言与畅所欲言的区别了。

场景 1：感谢领导时应该如何说？

公司开年会前，主任一直跟员工们一同筹备活动，活动结束后，主任还把同车的员工挨个送回了家。最后送到小钱时，小钱感激地对领导说道：

没事儿。

谢谢领导，太麻烦您了，感恩。

当员工看到领导忙前忙后时，为了表现自己，为了恭维领导，他们往往会说"辛苦你了"。可是，这类话可不是员工该对领导说的，而是领导对员工表示慰问和犒劳时才会使用的。如果由下属反过来对领导说，那领导心里肯定会不舒服，也会影响员工本人的印象分和评价。

场景2：回答领导问题时，有什么需要注意的地方？

公司团建，领导让小梁为大家订票，讨论会时，领导问大家想去哪里。谁知，大家面面相觑，没人说话，过了好久，才有几个同事说"随便"，"都行"。眼看气氛就要冷场，小梁说道：

> 看来大家都有选择困难症啊，这种需要决策的事情，还是得交给领导解决呀。

很多时候，员工为了显示自己的随和，或者为了不让领导感到为难，在领导询问选项时，他们都会把"随便""都可以"这样的话放在嘴边。

殊不知，很多领导都会觉得这样的回答是不负责任，不懂礼节的。如果我们实在不知道选什么，或者不想让领导感到为难，不妨将"随便"换成"我有选择困难症，实在不知道选哪个了，您决定吧，谢谢领导"。这样就会显得更加真诚了。

场景3：恭维领导要如何说？

小沈跟同事采买时碰到了领导，领导立刻停下车，帮两人把东西带回了公司。同事想恭维一下领导，谁知却越说越尴尬。这时，小沈说道：

> 您百忙之中还要照顾我们，我们都感激到语无伦次了，谢谢领导。

在职场中，员工夸赞领导本是出于恭维的目的，可如果遣词用句不准确，就会产生阴阳怪气的感觉，反而会拉低领导对自己的评价。比如，"感动"这样的词就属于上位者对下位者使用的词。比如长辈夸奖孩子，比如领导夸奖下属。可如果员工用错了词,说"领导决策英明,真让我感动"或者"领导的做法真让人感动",就会给人一种不舒服的感觉,遇到锱铢必较的领导,说不定还会以此为由刁难你。

除了上述问题外,我们还需要注意以下几点。

首先,回答领导时不要用"可以""好"这样的字眼。

"可以""好"这样的字眼从语义上看是带有批准和首肯意思的,如果是员工向领导提建议某事,领导可以用这类字眼答复员工,但如果是领导向员工交代任务,员工更应该说"收到""好的",这样才有承接命令和任务的意味。

其次,如果不慎说错了话,应该立刻停止并马上道歉。

在领导面前说错话后,不要因为害怕而逃避,也不要因为侥幸心理而装傻。最好的办法,就是在说错了话之后立刻道歉,并且停下这个话题。不要一个劲地辩解,解释的话说两句就够了,如果不必要的辩解太多,反而会越描越黑。

最后,不要跟领导过分客气。

和领导说话时固然应该小心谨慎,顾全大局,但如果顾虑太多,反而容易被领导误会你难挑大梁。面对与领导的话局,还是谨言慎行,但落落大方为好。

职场上如鱼得水,你要学会这些话

1. 当你想要表达对团队成员的关心时,你可以说:

虽然现在时间紧,任务重,但还是请大家确保自己的健康,合理安排工作和休息的时间。

2. 当领导提出批评时,你可以说:

孙总,我会立即改正并努力避免类似问题再次发生,感谢您的批评指正!

3. 当同事请求帮助时,你可以说:

当然可以,如果我能做到,那我很愿意帮你解决这个问题。

4. 当你想要拒绝同事的请求时,你可以说:

李哥,实在抱歉,我现在因为那件事实在没办法帮你,下次有需要一定再找我,如果我能帮你,那我肯定不会拒绝。

5. 当你需要让下属加班时，你可以说：

我理解这可能会占用到你们的个人时间，但目前项目的紧急程度需要大家额外付出一些时间，我也会为大家多申请一些加班补偿的。

6. 当你想要提醒团队注意某项事务时，你可以说：

请大家务必注意这个重要的点，它关系到我们的项目成功与否！是个非常关键的点！

7. 当你想要表达对领导决策的支持时，你可以说：

李总，我完全支持您的决策，我相信这对我们团队是有益的。

8. 当你想要表达对某个提议的支持时，你可以说：

我非常赞同这个提议，它不但能提高员工的积极性，还能营造良好的企业氛围。

9. 当你想要表达对某个提议的否定时，你可以说：

小马，虽然你的这个建议非常不错，但它还需要进一步完善，我们不妨先听听其他人的意见。

10. 当你想要表达愿意为团队做贡献时，你可以说：

我一直把团队当成家，如果能有为咱们团队做出贡献的机会，那我一定努力。

11. 当你想要表达对新策略的信心时,你可以说:

陈总,我对这个新策略充满信心,我相信它会给公司带来不错的效益。

12. 当你想要表达对某个困难的担忧时,你可以说:

这个问题确实很棘手,但我相信通过大家的共同努力,我们能够找到解决方案。

13. 当你想要表达对未来项目的期待时,你可以说:

我非常期待我们的下一个项目,相信下次我们仍然能够合作愉快。

14. 当你想要对某个成功的项目表达赞赏时,你可以说:

这个项目的成功离不开大家的努力,你们做得非常好,相信在未来的项目中,你们能够再创辉煌。

15. 当你想要表达对团队协作精神的赞赏时,你可以说:

咱们团队的协作精神非常出色,这对我们来说是非常宝贵的,希望大家能够保持下去。

16. 当你想要委婉地提出对某个决策的异议时,你可以说:

小方,我理解你对这个决策的考虑,但或许我们可以从另一个角度来看待这个问题。

17. 当你想要表达对某个难题的解决方案有信心时，你可以说：

李总，虽然这个问题很难解决，但我相信，我们团队提出的解决方案是可行的！

18. 当你想要表达对某项工作的满意度时，你可以说：

这项工作你们完成得非常好，符合了公司的期望，也期待你们再接再厉，公司会记住你们的贡献。

19. 当你想要表达对领导支持的感谢时，你可以说：

感谢领导的支持，这对我们团队来说非常重要，对我个人来说，您的支持也是让我非常感激的。

20. 当你想要表达对某个失误的歉意时，你可以说：

我为我的失误感到抱歉，我会立即采取措施纠正弥补的！

21. 当你想要表达对改进意见的欢迎时，你可以说：

大家可以畅所欲言。我们非常欢迎任何有助于我们改进的意见和建议。

4

处世办事：
口才帮你搞定难搞的人

求人办事：一句话把求人说成共赢

你的工作能力很强，但对各种办公软件不太熟悉，为了更好地完成工作，你决定请熟悉各类办公软件的行政小箫教教你。可是，小箫虽然为人热情，但她本人的工作也比较忙，为了让小箫答应，你决定帮小箫分担一些工作，然后让她有空余时间教你使用软件。而且，你还告诉小箫，自己学会办公软件后，就可以减轻她的负担。听完你的话，小箫对你的学习态度表示了肯定，并且欣然同意了你的请求。

在职场中，求人办事是一门必备的技能。无论是寻求合作、推动项目进展还是晋升加薪，一个恰当的请求能为你打开许多门。但如何以更为聪明、富有吸引力的方式提出请求，使得对方不仅愿意帮助，而且感觉到这对他们也是有益的呢？在这个小节中，我们将通过两个不同的场景，探讨如何用一句话将求人说成共赢。

场景1：陪客户吃饭时，你要怎么说才能促成合作？

公司派小冷招待客户，争取拿下这单生意。酒过三巡，菜过五味，客户对小冷的招待表示非常满意。这时，小冷笑着对客户说道：

> 通过我们的合作，我相信我们能共同创造出更多的商业价值，实现双方的共赢和持续增长。

在与客户共进晚餐时，除了愉快的交谈，最终的目的是寻求或深化合作。你可以通过强调双方合作的长期利益和共赢的可能性，来引导谈话朝着积极的方向发展。如果对方没有拒绝，那就等于成功了一半。接下来，你只要弱化"我"的概念，强化"我们"的概念，相信洽谈自然水到渠成了。

场景2：求晋升时，你要怎么说领导才会答应？

小马在公司基层做了12年，同期的同事要么早已晋升，要么跳槽去了其他公司，只有小马还在原岗位继续工作。小马想向领导求一个晋升名额，于是对领导说道：

中国人的沟通之道

> 在过去的时间里,我已经在我的职位上取得了一些进展,我相信通过晋升,我可以为团队贡献更多,同时也愿意承担更多的责任,接受更多的挑战。

求晋升时,需要清楚地表达你的价值和对团队的贡献,同时也要展现出你对未来的规划和愿意承担更多责任的决心。

通过对以上两个场景的分析,我们可以看到,将求人说成共赢,不仅能够提高请求的成功率,同时也能够深化关系、增强合作。在提出请求时,你需要表达出真诚的需要、明确的目标以及对对方帮助的重视和感激,这样才能让你的求人过程更为顺利,并且最终获得你想要的结果。在求人办事时,成功说服对方并获得他们的支持和协助是一项关键任务。除了上述场景外,以下3个方面的内容也会对顺利说服对方产生积极的效果。

首先，展示诚信和尊重。

你需要在沟通时，充分表达出对对方能力和贡献的称赞和尊重，以及对他们付出努力的认可。同时，展示出你的诚信和真诚，表明你是值得信任和合作的。

其次，一定要明确具体的请求和期望。

清楚、准确地表达出你的请求和期望。这能帮助对方明了你的需求，并评估他们是否能够提供帮助。在请求帮助时，切忌说出模棱两可的请求，这样不仅让对方摸不着头脑，而且会让对方觉得自己的帮助可有可无。

最后，提供相应的支持和回报。

在请求帮助或合作时，突出强调双方都能从中获得利益是非常重要的。表达出你的提议不仅对你有利，也能为对方带来价值或解决他们面临的问题。如果可能，你可以告诉对方，自己将提供的一些支持或回报，以此展现自己的诚意并打动对方。

打动成功者：3句话不离他的"当年勇"

你雄心勃勃地想做一件事，但却苦于没有资源，正在你一筹莫展之际，一个成功人士慧眼识珠，在万千人群中发现了你，提携了你，他给予你一展抱负的资源，从而带你走上了成功之路。

你意外见到了一个达官贵人，碰巧又得到了与他一对一交谈的机会，你与他谈笑风生，进而获得了他的青睐，他向你伸出橄榄枝，愿意帮助你成就一番事业。

> 3分钟，要让中国首富记住我，这也太难了吧！

梦想着得到贵人相助并不丢人，在个人奋斗越来越需要资源支持的今天，贵人的帮助很可能会为你省去很多时间和精力，让你少奋斗很多年，因此，谁不希望能够得到贵人的提携呢？然而，为什么大多数人没有得到贵人的提携呢？

在人际交往中，成功人士相对而言确实不容易接触到，但这并不代表无法接触。实际上，我们每个人都会遇到一些接触到成功人士的机会。不过，大多数人在遇到成功人士的时候，往往会小心翼翼，生怕被人看作是在攀高枝、拍马屁。但是，这种虚无缥缈的自尊反而成了你与成功人士正常交流的阻碍。

然而我们也能看到一些人，他们能够与成功人士谈笑风生，让对方对他们谈论的事情产生兴趣，这样的人至少是能够获得与成功人士进一步交往的机会的。那么，我们怎么样做才能像他们一样，把握住难得的与成功人士交往的机会呢？答案就是提前做好准备。

面对成功人士时，我们往往会遇到这样3个场景，而这3个场景就恰好是我们通过语言打动对方的机会。

场景1：初见成功人士，怎么让他对你感兴趣？

小贾是一个即将毕业的建筑相关专业毕业生，在导师的办公室里，见看到了导师的朋友——一位行业里非常有名的大设计师。正巧导师要出去打个电话，小贾有了一个和大设计师独处的机会。于是小贾说：

> ××老师，您设计的××大楼已经成了我市的地标建筑，我每次路过都和朋友说这是我老师的朋友设计的，感觉特别骄傲，很好奇您是怎么想到这么绝妙的创意的。

没有人不喜欢发自内心的赞美，得到来自于晚辈诚挚的认可，成功人士即便不会心花怒放，至少内心还是舒服的，而这种认可中如果埋着一条请他传道授业的"引线"，那么成功人士是不会吝惜自己的话语的，毕竟"好为人师"是成功人士都有的癖好。

场景 2：面对冷场，用什么话题破局？

小郑得到了一个采访本地首富的机会，采访进行到中午，首富让秘书定了一份简餐和小郑在办公室吃，在等餐的过程中，小郑和首富两个人对坐在办公室里，气氛越来越冷，此时小郑说：

> ×总，刚刚您提到××项目是您成功路上最关键的一步，我很好奇您是怎么做成这么难的项目的？要是一般人恐怕一定要放弃。

好汉没有不愿意提当年勇的，和成功人士坐在一起，你要能够在不经意间提醒他，他当年是凭借多么顽强的意志和聪慧的头脑才克服诸多困难取得成功时，他必然会有一种遇到"知己之感"，他会觉得自己的努力得到了肯定，会觉得自己的光辉岁月得到了升华，而成功人士一旦对一个后辈有了这样的感觉，那么彼此之间的关系自然而然就会拉近了。

场景 3：面对成功人士的刁难，怎么回答既有里子又有面子？

小吕对着一个好不容易见到的投资人侃侃而谈，却被投资人用不屑的口吻贬低他的计划，此时小吕说：

> 你这创意根本没有落地的可能。

> ×总，我的计划有考虑不周的地方，这正是我求见您的目的，我想获得您的投资，但我更想亲耳听一听您的建议，您也说了——很多项目都是领投（投资中的主投资人为领投方）扶持起来的，如果您能给我一些建议，我有信心在您的指导下成为……

成功人士刁难后辈，潜意识是想获得一种征服的感觉，他征服了事业，进而获得了成功，那么他也希望能够将这种征服带入人际关系中。而既然你有求于他，那就不妨满足他这种心理，甚至可以"借坡下驴"，在表达对他的心悦诚服之后提出自己的难处。

在与成功人士交流的过程中，除了要对以上 3 个场景做好准备外，你还要掌握一些交谈时的技巧。

首先，你的言谈举止一定要落落大方。

成功人士也是人，对他保持着尊敬的态度，酝酿出平等的对话氛围，你自在，他也自在。同时，你还要注意一定要勇敢地与他进行眼神交流，语气诚恳、时刻不忘微笑。

其次，你需要在交谈之前做好准备。

如果这是一场预约的谈话，那么你肯定有充足的时间去了解一下你所要接触的这位成功人士的相关信息，包括个人背景、事业特质、性格爱好乃至一些创业故事等，然后再去进行交谈。这可以使得你在交谈的过程中不至于发生卡壳的情况。只要你花心思准备过了，对方一定能够立刻就发现你的用心。

最后，你需要提前设计好引出"往事"的方式。

比如说，列一个详细的问题提纲，讲究条理与层次，再循序渐进地接近、深入。你还要想清楚提问的方式，分析清楚如何提问才能挑起对方回答的兴趣。还可以准备几个特别的暖场小问题，在气氛尴尬或者出现意外情况的时候使用。做到这些后，相信你一定能够和这位成功人士聊得很开心。

大多数的成功人士都喜欢"忆往昔，峥嵘岁月稠"。不知道怎样和他们进行交流，那就使用"往事"这个绝招，一定事半功倍。但是你要注意和他们聊"往事"的态度和方式，言谈举止要落落大方，方式要讨巧，更要在交谈前花心思做详细的准备。

感动失败者：话里话外畅想未来

过年回家走亲访友时，你听说姑姑家的表哥创业失败，十分消沉，于是便应父母的要求去劝慰一下表哥。到了姑姑家，你发现表哥虽然表现得很平静，但明显是心事重重的状态。寒暄过后，你找了个由头，把话题引到了创业艰难上，没想到，表哥竟然打开了话匣子，对你倾诉起来。原来，表哥开了一家小吃店，但因为店铺位置不好，所以来光顾的人一直很少。支撑了半年后，表哥终于负担不起每日的成本，把小吃店关掉了。听完表哥的遭遇，你跟表哥促膝长谈了一番，终于，表哥重新振作起来，打算多做做店铺宣传试试看。

在面对他人的失败时，一个合适的安慰和鼓励可能会对他们产生积极的影响。通过展望未来的可能性和表达对他们能力的信心，可以帮助他们摆脱当前的痛苦，重新振作。下面是针对3个不同场景的处理建议，希望在你劝慰他人时能起到作用。

场景1：你的后辈投资失败，你应如何劝慰对方，对方才不会继续消沉？

小龙的学弟创业失败，十分苦闷。小龙听说这件事后，便请学弟出

第4章
处世办事：口才帮你搞定难搞的人

来吃火锅，顺便安慰了他一番。小龙对学弟鼓励道：

> 你已经展现了很大的勇气和决心，这次的经历会成为你未来成功的宝贵资本。我们可以一起分析下失败的原因，并准备下一次的尝试。

当你的后辈面临投资失败时，是时候为他们提供支持和鼓励了。首先，可以表达对他们努力和尝试的赞赏，并说明失败是成功之母，是一种学习和成长的机会。接下来，可以提供一些具体的建议，帮助他们分析失败的原因，并从中学习。最后，鼓励他们保持积极的态度，并向前看，期待下一次的成功。

场景2：家里亲戚创业失败，你要怎么说，对方才会振作起来？

小胡过节回老家，发现二伯跟堂弟正在客厅聊天。原来，二伯家的

堂弟创业失败了,二伯正在安慰他。看到小胡回家,二伯连忙让小胡也劝劝堂弟。小胡想了想,对堂弟说道:

> 我很佩服你的创业精神和努力。每个成功的人都有过失败的经历,重要的是我们从中学到了什么。我相信你的能力,未来一定会有更好的机会等着你。

家里的亲戚创业失败,同样需要表达对他们努力的认可,并提供实际的帮助。你可以分享一些成功的案例或资源,以及提供一些创业或者重新就业的建议。同时,要通过正面的话语激励他们,强调失败只是暂时的,未来仍有无限可能。

场景3:恋人惨遭裁员,你应该怎么说,才能让对方重新振作?

小米丈夫的公司经营不善,裁掉了一大批高管人员,小米丈夫就是其中之一。面对消沉的丈夫,小米温柔地说道:

第4章
处世办事：口才帮你搞定难搞的人

> 亲爱的，每个人都会遇到挫折，但我知道你有能力度过这个困难时期。我们一起来规划下一步怎么走，我会一直陪着你，支持你。

面对恋人的职业挫折，提供情感支持并表示理解至关重要。你可以表达对他们能力和未来的信心，并提醒他们这只是生活中的一个小小的波折。同时，你们可以一起讨论新的职业规划，让对方知道在面对困难时，你们是彼此的支柱。

以上的沟通方法，可以在不同的场景中为失败的人提供支持和鼓励，帮助他们尽快走出困境，重新找回信心和希望。在劝慰失败者时，要用合适的方式和话语让他们感受到支持和理解，除了上述场景外，你还可以通过以下 4 个方面，来帮助他们重新振作起来。

首先，在话语中展现理解和同情。

面对失败者，你更应该表现出真诚的理解和同情，让对方感受到你的支持。比如，你可以说，"我能理解你现在的感受，失败确实是难以接受的。但记住，每个人都会经历低谷，你并不孤单。"

其次，肯定对方的努力和成就。

即便是面对失败，也要看到对方之前的努力和取得的成就，给予肯定和赞美。比如，"虽然这次没能如愿，但你之前的努力和所取得的成就是无法否认的。这次的经历只是生命旅途中的一个小插曲。"

再次，探讨之后，为对方提供积极的建议。

为对方提供一些积极的建议和方向，帮助他们看到未来的可能性。比如，"失败是成功之母。让我们一起分析一下失败的原因，看看下一步怎样能做得更好。"再比如，"你是因为经验不足才导致的失败，或者，你可以尝试在同行业里打工取经，或许会有所帮助。"

最后，畅想成功的未来，并承诺为对方提供适当的帮助。

为对方描绘一个光明的未来，让他们有重新站起来的动力。同时，如果你们之间的关系足够好，你则可以告诉对方，自己愿意提供帮助。比如，"我相信你有能力克服这个困难，未来一定会更好。如果你需要任何帮助，我都愿意尽我所能。"

通过这些方法，你可以帮助对方从失败的阴影中走出来，找到重新开始的勇气和动力。同时，也能够建立和维护良好的人际关系。

面对高位者：用共同话题拉近距离

你新入职了一家公司，这家公司的老总比较平易近人，经常会跟员工说上几句话，调动员工的积极性。为了给老总留下一个好印象，你决定打听出老总的兴趣爱好，以此为切入点，跟老总拉近距离。经过仔细观察，你发现老总很喜欢喝浅度烘焙的咖啡，于是，你经常在办公室里冲泡一杯果香味十足的咖啡。果然，老总饶有兴致地跟你聊起了咖啡。你充当了一个很好的倾听者，也适当回应了一些跟老总很契合的观点，很快，老总便记住了你这个新人。

在面对高位者时，找寻共同话题是拉近彼此距离的有效方法。通过展现你的诚意、知识和开放的态度，可以在不同的场合中建立良好的关系。以下是针对两个不同场景的处理建议：

场景 1：与单位领导单独相处，你要说些什么才能拉近彼此距离？

小孙的领导是靠技术被提拔升职的，他平时很喜欢钻研技术，于是，小孙便趁着一起做项目的时候，对领导说道：

> 领导,最近我在学习这方面的知识,发现它对我们的项目有很大的帮助。不知道您对这方面有什么看法?

当与单位领导单独相处时,了解他们的兴趣和爱好是非常重要的。通过聊天,可以了解到领导的兴趣点或是单位的发展方向。你可以分享你对单位的看法和想法,同时也可以提及你对某些工作方面的热情和计划。要时刻保持谦虚和尊重的态度,同时展现出你的诚意和愿意学习的心态。

场景2:见恋人家长时,你应该如何寻找共同话题才不会冷场?

小文提前跟女朋友了解了她父母的喜好,并得知她的妈妈很喜欢养花。于是,他在上门拜访时,对女朋友的妈妈说道:

第4章
处世办事：口才帮你搞定难搞的人

> 阿姨，我听说您喜欢园艺，我也很喜欢植物，尤其是文竹。您家的阳台布置得真漂亮。

　　见恋人家长时，寻找和长辈有共同兴趣的话题是非常重要的。在此之前，可以向恋人了解家长的兴趣和喜好。在见面时，可以从日常生活、兴趣爱好或者一些正面的社会热点话题入手。同时，展现出你的尊重、真诚和愿意交流的态度，也是非常重要的。

　　以上方法不仅可以帮助你在不同场合找到合适的共同话题，还可以让你在与高位者交流时，展现出聪明才智和良好的沟通技巧。

　　在与地位较高的人士交流时，找到合适的共同话题非常重要，它能帮助拉近彼此距离，建立良好的关系。除了上述场景外，以下 4 个方面的建议也能对你寻找和引入共同话题有所帮助。

　　首先，跟高位者适当谈些行业或专业话题。

　　与高位者讨论你们共同所在的行业或专业领域可能是一个稳妥且有

益的选择。比如,当你们都在 IT 行业时,可以讨论一些最新的技术趋势或者是行业里的热门新闻。"最近 5G 技术的推广和应用确实让整个行业变得很有活力,您对这方面有什么看法呢?"这类话题往往能引发高位者的兴趣。

其次,打探彼此的共同兴趣爱好,并在谈话中尝试引入这类话题。

如果你了解对方的兴趣爱好,可以尝试引入这些话题。例如,如果你知道对方喜欢高尔夫,你就可以说:"听说您是个高尔夫爱好者,有没有推荐的高尔夫球场呢?"这类关于共同兴趣爱好的求助式问题,也能引发高位者的兴致。

再次,加入适当的赞美和感激。

尝试对高位者的成就或贡献表示赞美和感激,可以展现你对对方的尊重和欣赏。比如,你可以说:"您在上个月行业论坛上的演讲真的给我留下了深刻的印象,特别是关于创新文化的部分,非常有启发。"这种具体的赞美,也能帮助你们拉近距离。

最后,尝试在谈话时加入一些对方感兴趣的社会热点和时事。

社会热点和时事,一直是职场里拉近彼此关系的好话题,但是,你需要注意选择那些中立且不会引起争议的话题。比如,"最近社区支援的环保活动得到了很多人的关注,这种公众参与的模式真的很有意义。不知道您对此有什么想法?"

当然,在选择共同话题时,你还要确保话题符合对方的兴趣和价值观,同时也要注意保持谦逊和尊重的态度,这样才能通过共同话题,顺利拉近彼此之间的距离。

面对博学者：赞美对方不为人知的优点

你有幸受邀参加了一位著名作家的演讲会。演讲结束后，这位作家给大家亲笔签名。你买了一本，跟着书迷们排队请作家签字。作家为众人签名时，会习惯性地跟大家聊几句，大家也都在赞美作家妙笔生花。轮到你时，你对作家说道："您是我知道的所有作家里，唯一一个不会拖稿的作家，这点太值得我向您学习了！"作家听完你的话，明显露出欣喜的神色，他不但给你的书签了名，为你写了鼓励的话，而且还送了你即将出版的新小说样书。

面对博学者时，真诚的赞美能够更好地拉近彼此的距离，同时也能展现出你对对方的尊重。在赞美博学者时，不要仅仅只是对他们的知识储备表示赞赏，更应该挖掘出他们不为人知的优点，这样才能让赞美更具诚意和深度。你可以根据以下两种不同场景的模拟，来寻求与博学者沟通的好方法。

场景1：面对博学的朋友，你需要如何赞美，才能打动对方？

小陈完全没听懂讲师讲的东西，没办法，他只能去请教自己的学霸朋友。结果，朋友两三句就把这个问题给小陈解释明白了。小陈佩服地说道：

> 你的解释真的很清晰，每次听你讲解都能获得新的理解，真的很佩服你的学习和表达能力。

博学的人通常很享受与他人交流和分享经验。你可以通过聆听和观察，发现他在交流中的耐心、理解力或是其他的优点。例如，他可能具有很好的解说能力，能够把复杂的知识简单明了地传递给他人。你可以真诚地赞美他的这种能力，并表达你从他身上学到了很多。

场景2：面对博学的同事，你应该怎样赞美对方的优点，才会让对方更开心？

小康有一个很博学的同事，团队里大家的疑问，基本都由这个同事负责解答。一次，他又帮助解决了工作上的一个难题，小康由衷说道：

第4章
处世办事：口才帮你搞定难搞的人

> 你总能在关键时刻提出很有价值的建议，你的冷静和解决问题的能力真的让我学到很多。

在职场中，博学的同事就是团队的知识库。在赞美他时，除了表达对他知识的欣赏外，你还可以赞美他的团队协作精神或解决问题的能力。例如，他在面对困难时总能保持冷静，或是他总能提出有益的建议来帮助团队解决问题。

此外，当你面对博学的领导，赞美他的领导力和对团队的关心可能会更为合适。你可以通过具体的事例来表达赞美之情，比如他在项目困难时给予团队的支持，或是他对每个团队成员的耐心指导和帮助。

通过以上的方式，你能够更好地与博学者建立起良好的关系，同时也能展现出你对对方的尊重和欣赏。赞美博学者不为人知的优点是一种良好的沟通技巧。除了上述两个场景外，以下4个方面也能帮你赞美博学者那些不为人知的优点：

首先，学会发掘博学者的独特见解或技能。

通过听讲座、阅读博学者的文章或直接交流，就能在对方的言谈中发掘博学者在某个特定领域的独到见解或特殊技能。当你们沟通时，你就可以说，"您对现代艺术的解读真的让我眼前一亮，特别是您提到的对比元素，这是我之前从未考虑过的。"这样独特的赞美，也能获得对方的青睐。

其次，赞美博学者的敬业精神。

认识到并赞美博学者对其研究领域的热爱和投入，能让对方感受到自己的价值。比如，你可以这样对博学者说："您长时间的研究和深入的探讨显示出对这个领域的真正热爱，这种敬业精神令人敬佩。"

再次，多提博学者对他人或社会的贡献。

如果博学者有志于社会公益或助力他人，则可以赞美他们在这方面的努力和贡献。比如，你可以说："您在推广科学教育方面的努力为社区提供了很多价值，真的非常感谢您的贡献。"

最后，赞美博学者的思考和解决问题的能力。

博学者通常具有较强的思考能力和解决问题的能力，你可以通过实例或者具体的情境，来赞美博学者的这些能力。比如，你可以这样称赞对方："您之前提出的解决方案非常具有创意，为团队解决了一个长期存在的问题，真的很佩服您的思考能力。"

在赞美博学者时，你需要保持真诚和尊重的态度，避免过分奉承或虚假赞美，这样才能获得对方的青眼，让对方也对你赞赏有加。

求人秘诀：心照不宣，看破不说破

你买房之后，发现公司离你家实在太远，早晚通勤时间各需要两个小时。于是，你打算向公司申请变动岗位，去离你家很近的分公司就职。你跟公司领导是一个学校的师兄弟，但在公司时，你们接触的机会却并不多。为了快速拉近跟领导之间的距离，方便请领导帮忙，你决定趁着下班跟领导一起去车库取车的时间，找领导谈一谈。

求人办事是种学问，有时候，一句恰到好处的赞美，就能让对方心甘情愿地帮你达到你的目标。在求助时，掌握一些沟通技巧能够让对方更愿意伸出援手。一般来说，诚恳、尊重和为对方考虑是基本原则。你可以从以下两种不同场景中，来获取一些求人的秘诀，帮助你更快达到你的目的。

场景1：有求于领导时，你需要如何说，对方才肯帮忙？

小郑所在团队工作遭遇瓶颈，无论是时间方面还是技术方面，他们都需要领导的帮助。于是，小郑诚恳地对领导说道：

> 领导，我在处理这个项目时遇到了一个技术难题。您的经验非常丰富，我想听听您的意见，以帮助我们解决这个问题，推动项目进展。

当你需要领导的帮助时，表达对领导的尊重和信任非常重要。同时，你要明确说明你的请求，为什么需要他的帮助，以及这样做对团队或项目有何好处，这样才能够让领导明白你的诉求。

场景2：有求于同事时，你应该怎么说，对方才不会拒绝？

领导给小倪安排了一项工作，但这项工作跟小倪负责的板块有些出入。小倪打算向擅长这方面的同事请教，于是她对同事说道：

> 我在处理一个问题时遇到了困难,你是这个板块的专家,如果你能给我提供一些建议,我相信我们团队能更快地完成这项任务。有空的时候能否指教一下?

在向同事求助时,保持诚恳的态度很关键。同时,如果能够向同事说明在解决这个问题后,不仅你会受益,而且团队工作的推行也会更加顺利,这将增加同事愿意帮助你的可能性。

只要你能够在求助时表现出对对方的尊重和诚恳的态度,同时也能明确传达出你的需求和期望,就能增加对方愿意帮助你的可能性。除了上述场景中提到的方法外,你还可以通过以下4个建议,让你的求助技巧更上一层楼。

首先,在求人帮忙时充分表达自己对对方的理解和尊重。

在寻求帮助前,你要先表达对对方的理解和尊重,并表明自己了解对方的立场和可能面临的困境。比如，在开口之前，你可以说："我知道你最近很忙，但我真的很需要你的帮助。"

其次，用心照不宣的话，来突显双方的利益。

当你向别人求助时，尽量给出"对双方都有好处"的暗示，比如，如果你需要同事帮你完成一个项目，你可以说："如果我们能一起完成这个项目，我们的团队就能在会议上表现出色。"

再次，你要向对方表达愿意给予回报的意愿。

在沟通时，你应该充分表达愿意为对方的帮助提供某种回报的想法。比如，你可以告诉对方："如果你能帮我处理这个问题，我很愿意下周帮你完成你的报告。"

最后，面对不熟的人，使用诱导性的语言而非直接请求，效果可能会更好。

你可以通过诱导性的语言让对方了解你的需求，比如，如果你需要某人帮你查找信息，你就可以告诉对方："你对这个主题的了解真的很深刻，我想知道你能不能帮我找到更多的资料。"

运用"看破不说破"的技巧可以让你在表达尊重和理解的同时，得到别人的帮助，而不会让对方感到被强迫或不舒服。通过这种方法，你不但可以更容易地获得帮助，还有可能在求助的过程中与对方建立起良好的关系，甚至改善你在他人眼中的形象。

有了好口才，求人办事不再难

1. 求人不知如何开口，你可以说：
赵姐，我有件事您看能不能施以援手帮帮忙？

2. 请求帮助过你的人再次帮忙，你可以说：
王哥，多谢你的帮助，我的问题解决了，但还有一件小事需要您帮我一下。

3 遇到难度较大的事想请人帮忙，你可以说：
李总，您是这方面的专家，眼下这个问题只有你能帮我了。

4. 请求关系不深的人帮忙，你可以说：
这件事办起来不算难，如果你能帮我办成，酬劳绝对不是问题。

5. 多次请求同一人帮忙，你可以说：
真是不好意思向你开口，但我实在想不到别的办法，只好再来麻烦你了。

6. 请求别人帮忙被婉拒时，你可以说：

我知道你工作很忙，但这件事只有你能帮我了，所以，只好拜托你了。

7. 当别人多次拒绝帮你后，你可以说：

您再考虑考虑，这件事如果能帮我办成了，那就帮了我的大忙了，酬劳一定不会少的！

8. 当对方以能力不足为由拒绝你，你可以说：

你就别推辞了，这件事只有你有能力办成，除你之外没人能帮我了！

9. 对方拒绝你送的礼物时，你可以说：

您平时真是没少帮我，要是没有您的帮助，我可做不到现在这样，您就别再推辞了。

10. 请求初次见面的人帮忙，你可以说：

希望您能给我点拨一二，成不成都随缘，咱就当交个朋友。

11. 别人说"这事不好办"，你可以说：

有什么不好办的地方您尽管说，我再去想办法。

12. 请领导帮忙解决问题，你可以说：

这项工作遇到了一些新问题，我的解决方法是××，您看还有没有更好的办法?

13. 当你不确定对方是否愿意帮忙时,你可以说:

张哥,我知道这可能超出您的职责范围,但希望您能帮我一个忙。

14. 如果想请正在忙的人帮忙,你可以说:

赵经理,我知道您的时间很宝贵,但如果您能挤出一点时间帮我个忙,我会非常感激。

15. 当你希望对方帮你牵线搭桥时,你可以说:

王总,您的人脉网络广泛,我听说您和那边的负责人关系不错,如果您能帮我牵一下线,我会非常感谢。

16. 当你希望对方为你提供一些建议或反馈时,你可以说:

赵老师,您的见解总是那么独到,您觉得这个方案怎么样?我很希望听到您的意见。

17. 当你需要对方的专业意见时,你可以说:

张经理,您在这个领域的经验是我很敬重的,您能分享一下您的看法吗?

18. 当别人没能成功帮到你时，你可以说：

你答应帮我办事，就已经很够意思了，以后有什么事情需要我，你随时打招呼。

19. 请求走动少的长辈帮忙时，你可以说：

以前和您走动得太少了，是我这个做小辈的不对，这次遇到事了才意识到，只有自家人是最亲的，只有自家人才能真的提携自家人。

20. 请求领导为你的升迁开绿灯，你这样说：

在咱们单位这么长时间您是知道我的，我这人别的好处没有，就一点：忠诚，您把我放在什么位置，我就是您在什么位置的化身。

5

亲密关系:
爱情是可以谈出来的

恋爱交往会聊才能会"撩"

你跟你的恋人手牵着手,走在黄昏的街边。这时,路灯突然亮起,你觉得这一切静谧而又美好。你想对恋人说些什么,但又不想太过直白。这时,你想到了夏目漱石的那句"今晚的月色真美",于是便脱口而出。你的恋人没有说话,只是把你的手牵得更紧了些。

就像有的人说的那样,真正的爱情,往往表现得含蓄、谦恭甚至羞涩。

用含蓄的语言,来表达自己炽热而浓烈的爱意,这种方式不仅更能凸显浪漫,也能为自己和对方留下余地,不至于对方拒绝自己而无法挽回,更不会让对方感到尴尬无比。

对渴望表达爱意的人来说,下面这两个场景肯定会对你有所帮助。只要按照这样的方法向你喜欢的人表达爱意,那效果一定是事半功倍的。

场景1:表达爱意前,用试探性话语来助力。

小朱喜欢一个同事很久了,但他一直不确定对方是否单身。这天,他在茶水间看到对方杯子上有一个可爱的兔子图案,于是笑着问道:

> 第 5 章
> 亲密关系：爱情是可以谈出来的

对陷入爱情中的人来说，没有什么要比被拒绝更令人难过的了。在表达爱意之前，用试探性的话语与对方聊天，能帮助你快速收集对方的信息，方便你下一步表达自己的爱意。"你男朋友没来接你吗""这个包是女朋友为你挑的吗"，这些都是快速收集信息的话术。正所谓"知己知彼，百战不殆"，只有充分了解对方，才能把话说得恰到好处。

面对不太熟的对象时，人们通常会因为害怕失败而选择逃避。但如果不将自己的想法表达出来，自己又会因此而郁闷不已。这时，你不妨先后退一步，不要直接表达爱意和告白，而是给对方抛去一个比较含糊的问题，比如"我以后能跟你一起吃午饭吗""以后我们可以一起去图书馆吗"等等。

场景 2：表达爱意时，借物抒情很必要。

小孔生性腼腆，每当想鼓起勇气对喜欢的人表白时，都会在最后关头退缩。这天是情人节，小孔准备好了礼物，然后红着脸对恋人说道：

> 我有很多话想对你说，我已经发到你邮箱里了，请你一定要等到回去再看。

人们总是不愿将自己内心的想法老老实实和盘托出，尤其是内向、羞涩的人，更是不愿把热烈的表白宣之于口。这时，害羞的你可以使用各种工具，然后告诉对方"我有很多话想对你说，请你回去再看"，这样一来，对方也能明确知道你的真心了。

除了上面两个场景外，我们还可以在表白时注意如下 3 方面内容。

首先，加入让对方感受到你态度真诚的话语。

表白的核心，是展现你对另一个人的真诚感受。你可以描述自己喜欢对方的原因，比如笑容、性格、幽默感等。同时，你也可以谈论一些与对方共度的美好时光和经历，以及对方对你生活的积极影响。

其次，表达你对未来的期望。

表白不仅仅是表达你的感受，也是展现你对你们未来关系的期望和愿望。你可以简单表述你希望能与对方共度更多时光，或是探索一些共同的兴趣和目标。明确而真诚的表达你对未来的期望，可以让对方更好地理解你的意图。

最后，表白时一定要尊重对方的感受。

表白时，也要给对方足够的空间和时间来思考和回应。你可以表达无论对方的回应是什么，你都会尊重他的感受和决定。这种尊重和理解，可以让对方在面对你的表白时感到更加舒适。

总之，表白是一个充满勇气和真诚的行为，以上 3 个方面的考虑和准备，可以帮助你更好地表达自己的心意，同时也能展现你的成熟，增加对方对你的好感和信任。

初次见面：对方感兴趣就是成功

你应家里要求，去餐厅见自己的相亲对象。原本，你只是抱着敷衍的态度，打算吃一次饭就结束相亲。谁知，与你相亲的人不但长相、身材俱佳，而且性格开朗大方，是你喜欢的类型。可是，你却不知道该说些什么来开始新的话题。这时，你无意间看到了对方手机屏保上的话是你很喜欢的，于是，你打算从文学方面下手，跟对方聊天。

沟通是人与人之间交流情感、传递思想、表达情绪的基本手段。在恋爱中，恋爱双方尤其需要沟通。下面两个场景，能帮助双方在初次见面时顺利地沟通，如果根据实际情况稍加发挥，还有可能收获意想不到的惊喜。

场景1：初次见相亲对象，怎样才能给对方留下好印象？

小罗跟相亲对象第一次见面，彼此感觉都不错。吃饭的时候，小罗想问问对方的家庭情况，但又怕贸然开口会唐突对方，于是说道：

第5章
亲密关系：爱情是可以谈出来的

> 听说你还有个弟弟？我家只有我一个孩子，所以还挺羡慕多子女家庭的。

在与对方初次见面时，很多人会为了尽快获得想要的信息而连珠炮似的向对方发问，比如"你做什么工作""你的工资是多少""你开什么车""你的父母有没有退休金""你有没有市中心的全款房"等等。这些信息固然重要，但如果上来就问这些，难免会大大降低对方对自己的好感度。

初次见面时，你可以先介绍一下自己的情况，如果对方并不反感，再试探性地询问对方同样的问题。如果对方明显抵触这方面问题，那还是先不要多做询问，可以通过共同的朋友旁敲侧击，以免踩到对方雷区。

在初次见面时，如果不知道如何开口，可以试着谈谈天气，谈谈温度，谈谈周围环境。千万不要因为害羞而沉默寡言，否则对方会误会你对他缺乏兴趣。同样，如果在你开口谈天气等日常情况时，对方热情回应，则说明对方对你很有兴趣；如果对方只是简单回应，那有可能是因为害羞，也有可能是因为对你没什么兴趣，这时，你就可以通过谈谈工作，谈谈性格，谈谈喜好等方式，来引起对方的兴趣；如果对方只是敷衍或者干脆不回答，那你还是另寻他法，先尝试进入对方眼帘，再寻找合适的机会引起对方兴趣吧。

场景2：对方问到你的强项时，你应该怎么做？

小郑的相亲对象是普通本科学历，她听说小郑正在读博，便先赞叹了小郑的学历，然后饶有兴致地问小郑，读博是不是很难。小郑笑了笑，说道：

> 也还好吧，其实生活中除了钻研知识外，还有很多事情都让人很感兴趣。你平时有什么兴趣爱好吗？

有些人在谈论起自己的事情时，往往会口若悬河，滔滔不绝，甚至会忽略对方的感受。如果你们是很熟的朋友，那对方也能理解并习惯你的行为，但如果你们是初次相见，这种自说自话的行为反而会引起对方反感，让对方只想快点离开。所以，无论是你主动提出的话题也好，对方提出的话题也罢，点到为止是非常重要的。

初次见面可能会让人感到紧张和不安，但准备一些适当的话题和问题可以帮助我们缓解紧张情绪，促进双方交流。除了上述场景提到的方法之外，以下 3 点补充也可以作为你与对方初次见面时交谈的参考。

首先，做些基本自我介绍，分享日常生活经验。

在初次见面时，你可以简单介绍自己的基本情况，比如工作、兴趣爱好、生活习惯等。分享日常生活中的一些有趣经历或者最近看过的好书、好电影，这样可以让你们的交流变得更加轻松、愉快。

其次，抓住共同兴趣，简单进行价值观探讨。

了解对方的兴趣爱好和价值观是建立连接的重要步骤。你可以询问对方对某些事物的看法或喜好，比如旅游、音乐、运动或者对于家庭和未来的一些规划和想法。

最后，要大方和友好地询问。

通过友好和开放的态度提出一些非侵入性的问题，可以了解对方的想法和生活态度。例如，你可以询问对方的周末喜欢做什么，或者最近有没有什么让他感到开心的事情等。

与人初次见面时保持轻松、真诚和尊重的态度是非常重要的。不要急于判断或推进，要给彼此足够的时间和空间来了解对方。通过愉快的交流和共同的探讨，你可以更好地判断彼此是否合适，也能让初次见面的经历变得更为愉快和有意义。

提出约会：让对方无法拒绝的邀请

你跟心仪对象认识了一个月，你觉得是时候提出约会邀请了。然而，你的恋人比较腼腆，于是，你打算想一个让对方无法拒绝的约会理由。你咨询了身边的朋友们，可是，你的朋友们给出的建议都不适用你们的情况，最后，你根据恋人的喜好，制订了一份完美的约会计划，然后找了一个双方都有空的时间，对你的约会对象发出了邀请。

现代社会很少有父母包办的婚姻了，但即便是在现代，想要邀请自己喜欢的人约会也是一件需要鼓足勇气的事。尤其是对于双方的第一次约会，很多人更是不知道该如何开口，才能让恋人点头答应。

有些人认为，主动提出约会的一方，在接下来的恋爱里都会处于被动地位。有些人认为，女孩子在恋爱中不应该太主动，主动的都应该是男孩子。然而，不管是男孩子也好，女孩子也罢，人人都可以向恋人提出约会邀请，而在恋爱中也不存在主动地位和被动地位，双方都是自由且平等的。

不过，向恋人提出约会邀请时，要注意一定的技巧，以免对方因为各种各样的原因拒绝自己，导致自己情绪低落，也导致感情蒙上乌云。

第5章
亲密关系：爱情是可以谈出来的

下面这两个场景包含了提出约会时恋人无法拒绝的好说词，我们一起看一看。

场景1：当你打算来一场时间较长的约会时，你需要怎么做？

小原打算带女朋友去迪士尼乐园玩，但去迪士尼乐园算上路程和游玩大约需要3天时间，小原计划了很久，然后胸有成竹地对女朋友说道：

> 我们先去迪士尼乐园，然后住外滩的酒店，第二天去东方明珠城和城隍庙。

向恋人提出约会邀请时，你一定要确定对方真的有时间。提出约会时，不要让对方觉得你过于随便。如果你嬉皮笑脸地问对方"要不要去约会"，对方很可能觉得你不够尊重她，从而拒绝你的约会邀请。比如，有些人会觉得使用短信、微信的方式不够有仪式感，这时，你就需要当面邀请对方，以凸显自己的诚意以及对对方情绪体验的尊重。

场景2：当你的兴趣和恋人的兴趣发生冲突时，你应该如何做？

小黎平时喜欢看电影，跟恋人约会时，他理所当然就把电影院列在约会行程里了。但是，他也知道女朋友对电影没什么兴趣，于是，他又安排了抓娃娃、彩绘等女朋友喜欢的项目，然后对女朋友说道：

> 我们可以先去看电影，然后吃午饭，吃完午饭我陪你逛逛街，你可以做个美甲或者抓个娃娃。

在提出约会时，一定要以对方的喜好为先，让对方知道你会把约会行程安排得面面俱到。有些人喜欢坐过山车，但恋人却害怕这种刺激的项目，这时候，如果根据自己的喜好来安排约会活动，那恋人大概率会拒绝。

让对方答应与你约会并不总是简单的，它涉及个人的感受和选择。不过，除了上述场景给出的技巧之外，还有3个可能会提高你的成功率的办法。

首先，在与对方交流时，充分展现你的真诚。

当你对某人表示好感并提出约会时，真诚的态度是非常重要的。你要让对方感受到，你是真正想了解对方，而不仅仅是寻求一个约会的机会。你可以通过提及你们共同的兴趣，或者你对对方所说的话感兴趣来展现你的真诚。

其次，为对方提供具体而轻松的约会建议。

例如，你可以邀请对方一起去参加你们共同感兴趣的活动，或者去一个氛围轻松的地方喝咖啡。确保你的约会建议让对方感觉舒适，这样对方也会更愿意接受你的邀请。

最后，对对方表示充分的尊重和理解。

要表现出无论对方的决定是什么，你都会尊重的态度。这种尊重的态度可以让对方感觉更舒适。同时，如果对方暂时不想约会或有其他安排，秉持这样的态度，也许在未来对方会考虑与你约会。

表达爱意：用对方一定听得懂的暗示

你渴望向恋人表达你对他的感情，但你生性腼腆，根本说不出口。一次，对方有意无意地对你说道："咱们在一起这么久，你都没对我说过'我爱你'。"这时，你十分紧张，因为你虽然很爱他，但让你说出"我爱你"3个字，却让你感到十分难受别扭。于是，你决定另辟蹊径，通过其他话语，让对方听懂你话里的暗示，从而让对方明白你对他的感情。

表达爱意是每段亲密关系中不可或缺的环节。在恋爱的不同阶段需要采取不同的暗示方式来表达情感。毕竟不管是刚刚认识也好，老夫老妻也罢，人们都需要表达自己的爱意和情感，来让彼此之间的感情升温。尤其是对于刚刚确定关系的恋人来说，用对方一定能听懂的暗示来表达爱意，不仅十分浪漫，而且能规避掉尴尬的局面。

而且，很多人在刚与别人接触时，会给人冷若冰霜的感觉。这种感觉可能来源于性格，也可能来源于处事方式，这时，用对方听得懂的暗示来表达自己的想法就显得非常有必要。下面3个场景中介绍的沟通技巧能让你学会如何向恋人暗示你的感情。

第5章
亲密关系：爱情是可以谈出来的

场景 1：面对刚确定关系的恋人，你需要怎样的暗示以表达爱意？

小栗和男朋友刚刚确定恋爱关系，小栗很想对男朋友表达爱意，但因为女孩子的矜持，她一直没能好好表达。这天晚上加完班后，她望着满天繁星，忍不住给男友打了个电话：

> 我刚才等车的时候看到了满天繁星，真的很美，真希望你能在我身边陪我一起看星空。

对于刚刚确立关系的恋人来说，暗示往往是个非常温柔且富有想象力的表达方式。例如，你可以在特定的时间，比如晚上9点，给对方发送一个表达爱意的表情或简短的信息，如"今天也很想你"，通过日复一日的"约定"，让对方感受到你的思念与温暖。或者，可以通过为对方准备一些意想不到的小礼物，让对方在不经意间发现，感受到你的心意。

场景2：面对多年的爱人，你如何暗示自己对对方的爱意？

小田跟露露结婚10年了，小田仍然像初见一般深爱着妻子。可是，小田是个含蓄的人，他只能用自己的方式来暗示爱意。这天，他对露露说道：

> 明天就是咱们结婚10周年纪念日了，记得你之前最喜欢吃那家的水煮鱼，我们明天一起去吃吧？

面对相濡以沫的伴侣，日复一日的生活可能会让彼此的表达变得单调。在这个时候，你可以尝试通过一些不同寻常的方式来暗示你的爱意。比如，可以选择在对方辛苦工作一天后，为其准备一顿温馨的晚餐，或者是在对方遇到困难时，默默地陪在对方身边，通过实际行动来表达你对他的支持。或者，也可以不经意间提起你们曾经的温馨时光或趣事，让对方明白你一直把他放在心里。

第 5 章
亲密关系：爱情是可以谈出来的

场景 3：面对对方亲友时，你该如何用暗示的方法，表达自己对恋人的爱意？

小武陪新婚妻子回娘家时，他的岳母笑着问小武，小夫妻有没有闹矛盾的时候。这时，小武拉着妻子的手，笑着说道：

> 岳父岳母，我俩从刚在一起的时候，她就是我的领导，我怎么可能跟领导闹矛盾呢？

此外，你还可以在聊天中自然地提及一些你和恋人共同经历的美好时刻，或者是在适当的时候，轻轻地握住恋人的手，通过这些简单而又含蓄的方式，让在场的人都能感受到你对恋人的深深爱意。

除了上述场景外，在表达爱意时，还有很多微妙的方式可以让对方明白你话语里的暗示，毕竟表达爱意的方式有很多，而其中的关键则是要真诚、自然,而且要注意对方的感受,确保你的暗示能够被对方接受和理解。同时,也要勇于尝试不同的表达方式,让感情在日常生活中得到不断升华。下面这些补充,也同样能让你表达爱意时事半功倍。

首先,在暗示之前先赞美对方,做足铺垫。

说些赞美和关心的话语,可以让对方感受到你对他的关注和尊重。例如,赞美对方的外貌、智慧或者才华,或是关心对方的生活和感受。

其次,在暗示之前,用一些肢体语言做辅助。

肢体语言是非常强有力的表达方式,比如眼神交流、微笑、轻轻地触碰对方等,都可以向对方传递出你的感觉和关心。

化解冲突：几句话满足对方的情绪价值

你和你的女朋友因为晚餐吵了起来。早上她对你说要减肥，可是晚上却让你买蛋糕回来。你随口问了一句："你不是要减肥吗？"谁知，你的女朋友却突然生起气来，质问你是不是嫌她胖了。你百口莫辩，只能反复解释自己并没有这个意思。然而，你的女朋友还是不依不饶，最后气得摔门而去。

在亲密关系中，冲突不可避免。如何妥善处理冲突，就成了测试关系成熟度的重要标志。化解冲突的目的不仅仅是解决问题，更是在过程中满足对方的情绪需求，使双方都能从中学习和成长。下面我们就通过两个不同的场景，探讨如何巧妙地运用语言技巧满足对方的情绪需求，从而化解冲突。

场景1：当恋人无理取闹时，你该怎么化解冲突？

小汪的女朋友是个很缺乏安全感的女孩，她有些自卑，还经常因为一些小事跟小汪大吵大闹，甚至冷战。为了让彼此相处更加和谐，小汪决定跟女朋友好好谈谈。小汪说道：

让你不高兴了我很抱歉。有什么我能做的吗?

当恋人无理取闹时,怎样表达才能既不伤害对方,又将冲突化解于无形呢?比如,你的恋人经常因为一些小事情而情绪波动,向你发泄不满。其实,在这种情况下,你可以选择先静静地听她说完,然后温柔地说:"让你不高兴了我很抱歉。有什么我能做的吗?"通过这样的表达,你不仅给了她被理解和被重视的感觉,也为彼此的冲突找到了一个和平解决的切入口。

那么,当你们因为看法不同而发生冲突时,你该如何满足对方的情绪需求呢?

这时候,你就该充分展示对对方的理解和尊重了。例如,你们在某个重要决定上意见不一致,这时,你可以说:"我理解我们在这个问题上有不同的看法,我很想听听你的想法和理由。也许我们可以找到一个折中的办法。"这样的表达,既表明了你开放的心态,也给了对方一个表达自己看法的机会，有助于找到双方都能接受的解决方案。

场景2：当你们因为亲人吵架时，你该如何巧妙化解冲突？

小贾的母亲提出，在小贾和女朋友结婚之后，想搬来跟小两口一起住。小贾女朋友认为，跟家长住在一起会产生各种各样的矛盾，于是就让小贾去拒绝。看着态度强硬的女朋友，小贾决定跟她好好谈一谈：

> 我知道我们都很在乎我们的家庭，也许我们可以一起找个时间，和家人好好地沟通一下，看看能不能找到一个大家都接受的解决办法。

当你们因为亲人吵架时，如何化解冲突是一个难题。例如，你们因为各自的父母在某个问题上意见不同而产生争执，这时，你可以尝试说："我知道我们都很在乎我们的家庭，也许我们可以一起找个时间，和家人好好地沟通一下，看看能不能找到一个大家都接受的解决办法。"这样的表达，不仅表明了你愿意为了解决问题而付出努力，也显示了你对对方家庭的尊重和理解。

在处理冲突的过程中，关键是要保持冷静和理智，尽量从对方的角度考虑问题，并通过合适的语言和行动来满足对方的情绪需求。只有正确处理冲突，才能使关系得到升华和发展。

在与恋人发生争执时，沟通至关重要。除了上述场景外，你也可以从以下4个方面入手，帮助对方保持冷静，并寻找解决问题的方法。

首先，无论如何，都要保持对彼此的尊重。

在与恋人发生冲突时，你需要保持冷静，要有耐心，尽量避免使用攻击性或贬低的语言，并且展现出你愿意倾听并理解对方的意愿，这样对方更可能愿意冷静下来讨论问题。

其次，懂得倾听和理解。

让对方知道你在倾听他们的感受和观点，尽量理解对方的立场。可以通过重复对方的话或是提出问题来确保你正确理解了对方的意思。

再次，一定要选择非暴力沟通的方法。

采用非暴力沟通的方法，使用"我"而非"你"开头的句子来表达你的感受和需求，而不是指责或批评对方。例如，可以说"我感觉""我认为"，而不是"你总是"。

最后，为化解冲突提供方案，而不是反复针对问题进行指责。

在讨论问题时，你要尽量提供具体的解决方案，而不是只停留在问题本身或互相指责。通过寻找共同的解决方案，可以帮助对方冷静下来，并共同寻找解决争端的办法。

谈婚论嫁：巧妙应答无法回避的问题

你跟男朋友在一起三年了，今年过年，男朋友提出了结婚请求。按照当地习俗，新娘出门时脚不能沾地，男方需要背着你从新房走到婚车上。可你是一个受现代教育的大学生，你不希望自己的婚礼受旧俗的沾染。这时，男方亲友询问你为什么坚持不让男朋友背自己，你担心直指这是旧俗会拂了男友家人的面子，于是想了一个好办法回答了这个问题——男友颈椎和腰椎都不太好，结婚当天还有很多活动，肯定很累，为了男友身体健康，这个环节还是省略吧。听完你的解释，男方亲友也同意了你的要求，双方开始谈论接下来的流程。

在谈婚论嫁的过程中，难免会遇到一些敏感或难以回答的问题。如何巧妙应答，既能保持诚信，又不伤害对方或使局面尴尬，是摆在每个人面前的挑战。下面通过两个不同的场景，探讨如何巧妙应答无法回避的问题，以保持双方的关系和谐并推进婚恋议题的发展。

场景1：恋人询问你不想说的家庭情况时，你应该如何巧妙应答？

小史的家庭条件不太好，这点女朋友也是知情的，但她一直不知道小史家条件究竟不好到什么程度。结婚前，女朋友又一次问了小史这个问题。小史想了想，对女朋友说道：

> 我家条件不好，这你是知道的。不过，我会通过努力让你过上好日子的，请你相信我。

当恋人询问你不想说的家庭情况时，你可能会感到尴尬或不知所措。例如，如果你的家庭经济条件不是很好，而恋人又问及此事，你可以选择诚实但不过分展开。例如："我家的经济条件一般，但我们一直过得很幸福。我也在努力工作，希望能为我们的未来提供更好的条件。"这样的回答，既展现了你的诚实和责任心，也表明了你对未来的积极态度。

场景2：去恋人家做客时，你需要如何巧妙应答无法回避的问题？

小连跟女朋友决定6月份结婚，过年时，小连陪女朋友回家，谁知女朋友的亲戚都在现场。亲戚们看小连来了，便七嘴八舌地问小连"有没有房""有没有车""每个月能赚多少钱"。小连得体地微笑着，然后说道……

第5章
亲密关系：爱情是可以谈出来的

> 车有的，房子正准备买，但还没有想好在哪里买呢。每个月赚得不多，但足够我们两个人的日常花销了，赡养老人和抚育子女的钱也都预备出来了，感谢大家的关心。

在去恋人家做客时，可能会听到一些令人感到尴尬的问题。例如，恋人的家人询问你的收入或购房情况时，你可以选择稍作回答但不深入讨论，例如："目前我有一个稳定的工作，收入还可以。关于购房，我们正在考虑和计划中，希望能找到一个适合我们的地方。"这样的回答，既能应对问题，又不会使局面过于尴尬或沉重。

其实，彩礼和聘礼等问题也是一个传统与现实交织的话题。如果恋人提出这个问题，你可以尝试开展一个平和而理性的讨论，例如说："我理解这是我们传统的一部分，但我更希望我们能找到一个对双方都公平和合理的方式。我们可以一起讨论并找出一个符合双方期望的方案。"这样的回应，既表明了你对对方的尊重和理解，也为双方提供了解决问题的可能性。

在面对无法回避的问题时,保持诚实和尊重是非常重要的。通过理解、沟通和合作,可以帮助双方找到满意和可行的解决方案,为未来的生活奠定良好的基础。而谈婚论嫁是生活中的重大事件,你很可能会面临一些棘手或敏感的问题。除了上述场景可以使用的妙招外,你还可以通过以下4个方面的技巧,巧妙应对那些你无法回避的问题:

首先,面对无法回避的问题时,一定要做到诚实和透明。

面对无法回避的问题时,诚实和透明是非常重要的。如果某个问题涉及你们未来的生活,最好诚实地表达你的想法和感受,而不是尝试逃避。

其次,告诉对方,你对对方的疑问表示理解和尊重。

你应该理解对方可能有的不同看法或担忧,并尊重他们的感受。同时,也应该期待对方理解和尊重你的立场。通过相互理解,你们可以找到一个双方都可以接受的解决方法。

再次,告诉对方,你愿意保持开放的态度与对方进行探讨。

保持一个开放和愿意讨论的态度是非常重要的,对于那些无法回避的问题,每个人都是因为有自己的看法和考量才不愿意宣之于口,但通过开放的交流和讨论,你可以更好地理解对方,并从对方的话语里找到共同的立场。

最后,用问题回答问题,向对方寻求一个解决方案。

在面对棘手问题时,共同商议解决方案是非常重要的。当对方问了一个你并不想回答,但却无法逃避的问题时,你可以问问对方的看法。通过讨论和协商,你就能找到一个能够满足双方需求和期望的解决方案。

爱情未满：巧妙拒绝他人追求

过年时，你跟你的发小们一起吃饭，席间，你的一个发小听说你跟男朋友已经分手，于是便对你展开了热烈的追求。他告诉你，从你们刚认识的时候，他就一直喜欢你，他一直没有恋爱也是因为在等你。你从来没想过跟他在一起，也不确定自己对他究竟有没有好感。最重要的是，你害怕万一分手，不仅跟他再见面会感到尴尬，而且也会失去一个从小到大的好朋友。想了很久后，你决定找他好好谈一谈，委婉且坚定地拒绝他对你的追求。

在面对他人的追求时，如何巧妙地表达自己的真实意愿，既不伤害对方又能保持诚实是一门艺术。甜蜜的爱情固然令人向往，但准确识别自己是否对对方有好感也是非常重要的。无论对谁来说，拒绝他人的追求都是一场挑战。下面，我们就通过两个具体场景，来探讨如何巧妙地拒绝他人的追求。

场景1：你对他完全没有感觉时，应该如何拒绝对方？

小梅最近遇到了一个追求者小张，小张的为人和外貌都不错，但小梅感觉两人之间并没有特别的火花，也不想进一步发展。某天，小张向

中国人的沟通之道

小梅表白，想要追求小梅，成为她的男友。小梅虽然觉得有些为难，但她知道，诚实的回应是对两人都负责任的做法。于是她说道：

> 小张，你是个很好的人，我很高兴能认识你。但我目前不想进入一段感情关系，想专注于个人的发展。真的很抱歉，希望我们能继续保持友好的关系。

在面对不想进一步发展的追求时，拒绝的艺术在于如何既表达出自己的真实想法，又不伤害到对方的自尊心。小梅选择了直接但温和的方式，首先肯定了小张的优点，然后明确、简洁地表达了自己的想法和立场。最后，她还表明了愿意继续保持友好关系的意愿。通过这种方式，小梅成功地传达了自己的想法，而小张也能明白小梅的立场，虽然可能会感到失落，但至少能够理解和接受。在这个过程中，小梅避免了直接伤害到小张的自尊心，也让小张有了一个明确的答案，可以更早地走出失落情绪，继续寻找属于自己的幸福。

场景 2：你无法确定自己心意时，应该如何拒绝对方？

小甄前两天被同社团的学妹表白了。学妹开朗活泼，社团里不少男生都喜欢她，可小甄一直把她当妹妹看待。学妹向小甄表白后，大家纷纷起哄让小甄请客吃饭，可小甄也不清楚自己究竟喜不喜欢这位学妹。于是，他对学妹说道：

> 我现在还不确定自己的感觉，我想我们可以先做朋友，了解一下彼此。时间会告诉我们该如何发展。

当你对对方的感觉不确定时，拒绝的方式可以稍带一些开放性，以留下未来可能的发展空间。例如："我现在还不确定自己的感觉，我想我们可以先做朋友，了解一下彼此。时间会告诉我们该如何发展。"这样的回应，既没有直接拒绝，也给自己留了思考和了解对方的时间。

此外，当你对对方很有好感，但只想做朋友时，这可能是最具挑战的场景。你可以尝试这样表达："我很珍惜与你的友情，你是一个非常特别的人。但我目前不想要进入一段感情关系，我希望我们能继续保持这样美好的友谊。"这种表述既表达了你对对方的好感，也明确了自己的态度，同时也能保护好这段美好的友谊。

在拒绝他人追求时，关键是要诚实、尊重并明确态度。通过体谅和理解，我们可以最大限度地减轻拒绝可能带给对方的伤害，同时也保护了自己。毕竟，拒绝他人的追求可能会让对方感觉尴尬或不舒服，但通过妥善的处理，就可以减轻这种尴尬和不适。除了上述场景外，你还可以使用以下4个方面的技巧，巧妙地拒绝别人的追求。

首先，语言一定要得体且清晰，切勿模棱两可。

清晰、直接但不粗鲁地表达你的感受是很重要的。避免模棱两可的回应，以免给对方留下虚假的希望。比如，在拒绝别人时，可以先说出拒绝的话，然后再补充一些赞美的话，如"你真的很好，幽默友善，相信你会遇到更适合你的另一半"等，这样就能直白且得体地拒绝对方。

其次，对对方的表白保持尊重。

尽管你可能对这个人不感兴趣，但仍然应保持友善和尊重的态度。要表达你对他们表达感情的感激，并明确但温和地表达你的想法。对方的表白都是带着一定勇气的，尊重这份勇气，给对方保留尊严，才能不给你们未来的相处"埋雷"。

再次，拒绝对方时避免过多解释。

拒绝对方时，你没有必要做过多的解释，只需简单地表达你的感受和决定就足够了，过多的解释可能会让对方感到困惑，也会让对方感到不适。

最后，如果确定要拒绝别人，那就要保持坚定的态度。

一旦做出了决定，就应该坚定地持守。避免在后续的交流中给出混合信号，这可能会给对方错误的希望或更多的困惑。遵循这些基本原则，你就能更加妥善地应对拒绝别人追求的情况，同时也能保护好自己。

甜言加蜜语，不再"爱你在心口难开"

1. 当恋人对你表达感谢时，你可以说：

我们是要共度余生的，所以不要这么生分，我很开心有一次表现自己的机会。

2. 当恋人感受到压力时，你可以说：

我知道你现在很难受，但记住，无论是物质方面还是精神方面，我都会一直支持你。

3. 当恋人做了令人感动的事情时，你可以说：

亲爱的，你今天为我送胃药，真的让我感到很温暖，谢谢你。

4. 当恋人生病时，你可以说：

药和水都准备好了，你好好休息，如果需要什么立刻告诉我。

5. 当恋人感到不安时，你可以说：

不要焦虑，我们一起面对，无论发生什么，我都会在你身边。

6. 当恋人表现出自信时，你可以说：

亲爱的，看到你这样自信和坚定，真的让我感到好骄傲。

7. 当恋人为小事发火时，你可以说：

我理解你的感受，最近你压力实在太大了，但我希望你能选择更好的宣泄方式，比如跟我一起去看场电影。

8. 当恋人感到无助时，你可以说：

你不是一个人在面对，你要学会依靠我，我们可以一起解决这个问题。

9. 当恋人表达对未来的期待时，你可以说：

你能对我们的未来充满期待，我真的很欣喜，我特别期待能与你一起携手探索未来。

10. 当恋人表达对你的爱时，你可以说：

亲爱的，不要觉得因为你说爱我，我才说了爱你。我只是在这个合适的时机，也想把我的爱告诉你。

11. 当恋人感到沮丧时，你可以说：

每个人都会有不如意的时候，但这只是我们要经历的一小部分，未来还有很多有趣的事情等着我们。

12. 当恋人取得成功时，你可以说：

你真的太棒了，我一直相信你会成功，我真的感到好骄傲！

13. 当恋人感到不安时，你可以说：

这都怪我，让你失去了安全感，我把手机交给你保管，看看会不会感觉好一些。

14. 当恋人为你感到高兴时，你可以说：

亲爱的，你能开心，让我感觉这一切都是值得的。

15. 当恋人分享喜悦时，你可以说：

看到你这么高兴，我也感到非常快乐，我们去吃个火锅庆祝一下吧！

6

即兴演讲：
开口就能打动所有人

脑中有"货"，才能出口成章

员工大会上，你坐在台下的人海中，老板突然走下演讲台，决定随机抽选一名员工"讲两句"，而你就是那个"幸运儿"。这时，你从容不迫地站起来，流利地发表了一番个人看法，给老板留下深刻印象，此后一路升职加薪。

你有幸去参加一个业内研讨会，发言交流环节，你勇敢地站起身，表达了你个人的见解，让在场所有人都刮目相看，获得了更多的交流机会，也为自己积累了丰富的人脉资源。

当今社会，机会是最难得的资源，但我们很多人在面临机会的时候，却无法把握住它，让它从指间溜走，错失了表现自己、让他人认识自己的好时机。

现在，很多人会羞于表现自己，每次有当众发言或者演讲的机会，都会拼命拒绝，恨不得立刻使用隐身魔法，消失在大家的视线中。殊不知，酒香也怕巷子深，如果自己都不主动展现自己的优秀之处，又怎么能够期待别人看到并认识自己呢？

演讲，就是一个表现自己的机会。通过演讲我们可以传达自己的观点，展现自己的才能，从而受到他人的理解与认可，找到志同道合的伙伴。

那么，我们如何能够随时随地来一场即兴演讲，做到出口成章呢？

任何事情都需要积累，即兴演讲也不例外。只有知识渊博的人，才能拥有自信和底气，只有学识丰富的人，才能做到有话可说，只有脑中有"货"的人，才能出口成章。

场景1：在工作交流中出口成章。

小赵新入职了一家大公司，员工人数众多，就连主管经理也还没有记清他们每个人的名字。一次，员工大会上，老板在发言过后，鼓励员工谈谈自己的想法，所有人都低头保持沉默时，只有小赵勇敢地举起手。小赵侃侃而谈：

> 感谢李总刚才精彩的演讲，我听完之后深有感触，尤其是李总刚才提到的关于树立企业文化的观点，我也有一些小小的建议，希望能为之增色一二。

"感谢×总刚刚做出的演讲,使我深有感触。×总提到的××观点,在古籍《××》中也有所体现,我认为……"

只有知识储备量丰富的人,才能在面对任何话题的时候,引经据典,侃侃而谈。特别是在工作场合的即兴演讲中,可以展现出自己丰富的学识、清晰的条理、从容的品性和积极的态度等,尤其是当演讲内容与老板观点不谋而合的时候,就能让老板在众多人中记住自己的名字,从而得到一些"特别关注"。

家庭聚会也是如此。

周末是小李爷爷的生日,亲朋好友来了很多人,坐了满满一大桌。酒过三巡,气氛热闹起来,小李作为孙辈,被点名发言祝寿。之前也有过类似的场合,都被小李推脱了,今年小李提前做了些准备,胸有成竹地站起来……

"大家好,今天是我爷爷××岁的生日,请允许我代表家人对各位的到来表达诚挚的欢迎和感谢,也请允许我代表各位,为我爷爷送上美好的祝福:祝您福如东海、寿比南山、老当益壮、笑口常开……"

即便是跟家人聚会,也存在着需要我们进行即兴演讲的场合,在这种时刻出口成章,不仅能够展现自己不同以往的成熟与才华,还能够让亲人觉得自己的教育取得了一定的成果,为此而感到欣慰和骄傲。

场景2:与朋友聊天时出口成章。

小孙毕业已有10年,昔日的班长牵头,组织了一场同学聚会。聚会上,

第6章
即兴演讲：开口就能打动所有人

小孙作为当年的语文课代表，被要求谈谈自己的感想，于是小孙思索片刻，开口：

> 很荣幸能与各位老同学、老朋友欢聚一堂，曾经的我们"风华正茂，书生意气，挥斥方遒"，现在的我们也不失"中流击水，浪遏飞舟"的勇气，时光带不走我们的理想与抱负，更冲不散我们的情谊……

在朋友相聚时发表一段即兴演讲，能够唤起老朋友对自己的记忆，也能够吸引新朋友的注意力。人群中，勇于发言或者表现自己的人，往往能够成为聚会中的焦点，从而获得大家的认可、喜爱与尊敬。

即兴演讲的情况随时都可能出现在我们的生活中，把握即兴演讲的机会，也是在把握机遇。在这之前，我们不仅要有勇敢应对的心态，更要积极为大脑"进货"，充实我们的知识储备。

首先，我们要完善自己的专业知识。

我们每个人身处不同的工作岗位，熟练掌握的知识和技能也有所不同，这就是我们的长处，我们应该好好加以发挥和利用。因此，我们应该加深对自己专业领域知识的学习，这样才能够在涉及自己专业强项的时候，坚定且自信地发表看法，让身边人刮目相看。

其次，我们要不断阅读，不断学习，丰富自己。

"活到老，学到老"，我们要树立终生学习的观念，从各种渠道中多获取知识，不断丰富自己。学海无涯，我们无法掌握所有的知识，但可以一点一点地学习、积累，当知识积累到一定程度时，我们的思维和谈吐自然而然就会有所提升。这样，在面对即兴演讲的时候，我们才能做到有话可说，有内容能说，传播自己的观点与见解。

最后，努力积累即兴演讲的实战经验。

经验是智慧的根源，即兴演讲同样需要积累经验，做好准备。我们在日常生活中，可以有意识地为自己创造简短演讲的机会，当遇到需要即兴演讲的时候，也不要再推脱拒绝。刚开始的时候，可能会因为紧张而表现得不那么完美，但这种经历终会成为我们的宝贵财富，我们可以从中总结经验，提炼要点，一次比一次完成得更加出色。

"巧妇难为无米之炊"，即兴演讲也是一样的道理，头脑空空的人很难完成一场出色的演讲。中外历史知识、诗词俗语、名人故事、自然科学知识、时下流行趋势等内容，都可以为我们的演讲增色不少，也更加容易吸引听众的注意。而当我们的大脑像是一个巨大的货架，把这些知识存放进去的时候，我们便可以在需要的时候随意取用，轻松完成一场出色的即兴演讲，做到出口成章。

讲好开场白：巧设悬念让人欲罢不能

新到一个工作岗位，大家都还不认识你，领导让你做一个简单的自我介绍，但同事们忙于手中的工作，无法给你足够的关注。这时，你用风趣幽默的语言，轻松勾起了同事们对你的好奇心，不仅让大家紧绷的情绪稍稍放松下来，还给新同事和领导留下了深刻的印象。

一次会议上，大家昏昏欲睡，这时候恰巧轮到你上台做汇报。你一改前面几位沉稳、严肃的风格，在汇报时开头选择了一个设置悬念的开场方式，成功吸引了听众的注意力，让大家轻松进入了你演讲的情境，会场时不时爆发出一阵热烈的掌声。

俗话说，好的开始是成功的一半，如果事情有一个不错的开端，那么最终成功的概率也会变大，这在即兴演讲中也同样适用。

即兴演讲作为演讲的一种特殊形式，往往是简单和快速的，需要在短时间内抓住听众的注意力。因此，即兴演讲中有一条7秒原则，是说要在演讲开始的7秒内，想尽办法吸引听众，这样才能收获不错的演讲效果，而如果在演讲的开头没能让观众产生兴趣，那么之后也很难吸引听众的注意力。

巧设悬念式的开场白，是演讲中迅速吸引听众注意力的一种方式。

每个人都有好奇心，让听众对你的演讲内容产生好奇心，能够迅速引发听众的兴趣，听众会对你接下来的所讲的内容有所期待，进而形成良好的互动。试想一下，当你听到一个充满悬念的有趣故事时，你是不是很想继续听下去呢？

全红婵是我国国家跳水队的女运动员，年仅16岁的她已经拿到了很多块金牌，实现了奥运会、世锦赛和世界杯的金牌大满贯。此外，她还是跳水世界纪录的保持者，收获了无数国内外观众的喜爱。在杭州第19届亚运会的女子10米跳台决赛中，全红婵一出场，就赢得了热烈的掌声与欢呼，一段"魔性"的背景音乐也随之响起：

"我姓全，一战封神、水花消失把梦圆；我姓全，跳水精灵、为国争光名列前；我姓全，天选之女、挂满玩偶很显眼；我姓全，红遍全球、冠军只等你蝉联。"

这段歌曲是电视台为跳水天才全红婵特意准备的，朗朗上口的几句话，不仅点明了她的功劳和战绩，还生动勾勒出她的性格和形象，语言幽默风趣，即便是不认识她的人，听了这几句人物介绍，也一定会对她产生浓厚的兴趣。

场景1：用精彩的开场白迅速吸引听众的注意。

公司的演讲比赛，设置在炎热的午后，不少听众都显得无精打采，不是睡意蒙眬，就是低头摆弄手机，就连准备演讲的人都提不起精神，整个会场显得格外沉闷。接下来，就要轮到小张上台了，他灵机一动，

第6章
即兴演讲：开口就能打动所有人

讲起了故事：

> 我昨天去爬山，游客非常多，每个卫生间前都排起了长长的队伍。其中，有一个小伙子排在了女卫生间的队列里，面对大家的嘲笑、质疑甚至是辱骂，都不为所动。直到马上轮到他进去的时候，他才冲一旁喊道："妈，过来吧，轮到你了。"

小张用一则见闻小故事，替换了原本的演讲开头，小故事中巧妙设下男人排女队的悬念，不仅成功吸引了台下听众的注意力，还顺利引出了他今天的演讲主题——孝顺，可谓是一箭双雕。而这则故事本身对大家普遍有一定的吸引，选定有趣的故事作为演讲的开头，能够很快抓住读者的注意力。

场景2：巧设悬念激发听众听下去的兴趣。

小陈是一名小学老师，新的学期，同学们的心思还沉浸在假期里，再加上最近的课程有些难度，课上走神的同学越来越多，于是，小陈老

177

师想了一个办法。

> 同学们,你们知道我们学校门前那棵大树的高度吗?你们知道操场的旗杆有多高么?你们有办法测量出它们的高度吗?你们想知道老师会用什么样的办法测量吗?

这种设置悬念的提问式引入,很快吸引了同学们的注意,他们对老师接下来所讲的内容产生了浓厚的兴趣,燃起了对知识的渴望,课堂氛围也变得好起来。即兴演讲也是这样,悬念式的开头会让听众产生继续听下去的兴趣,从而跟演讲者产生良好的互动。

在演讲的开场白巧设悬念,也有一定的技巧和方法,我们可以尝试以下几种方法,寻找最适合自己的演讲开场方式。

第一,反常法。

在我们的思想中,总是有一些固定思想和常规思维,比如一些约定俗成的认知。在即兴演讲的开场白中,我们就可以提出一些相反的观点,例如，"宁做鸡头，不做凤尾""近朱者未必赤，近墨者未必黑""不知足者常乐"等。这些观点新颖，往往能够出奇制胜，但我们需要注意，不能一味追求"反常"，还要能够言之有理。

第二，倒叙回忆法。

事情的发展通常会按照起因、发展、高潮和结局的顺序进行，这也是人们心中顺理成章的事情，但如果我们从演讲内容中选取一个转折点、高潮部分或者部分结局，放到演讲的开头，那这就会变成一个悬念，从而吸引听众听完全部演讲。

第三，反问设问法。

设问和反问是即兴演讲开场白中常用的技巧，这种向读者抛出问题的方式，能引起读者的好奇与深思，让读者跟着演讲内容进行思考。同时，提问式的开场方式也能留下一定的讨论性话题，不会像陈述式开场白那样平淡。

一个优秀的即兴演讲开场白，能够在各种情况下，将听众的注意力吸引过来，激发听众的兴趣和好奇心，在这之后，我们就可以进入演讲的正文部分了，同样，也有一些小技巧，能够让演讲的正文部分更精彩。

机智应变：应对突如其来的状况

无论是在日常的交流过程中，还是在公众场合进行演讲的时候，都难免会发生很多不可控的状况，最常见的计划外事件莫过于突如其来的恶意提问，面对恶意提问，想要把控全场，稳住局面，我们就一定要充分调动自己临场发挥和应变的能力。

一个没有应变能力的人，在遇到这一类不怀好意的挑衅式提问时，往往会选择含糊其词，所谓"顾左右而言他"。殊不知这样的处理方式不仅于事无补，反而会让自己显得没有底气，更会让听众产生不好的印象。

因此，面对这些抛出尖锐的问题、故意挑事的"挑衅者"们，我们一定要积极面对。

2015年，中国商界的两位大佬在中国绿公司年会上各自发表了精彩的演讲，而各大媒体关注的焦点却是这两位大佬间"你方唱罢我登场"的唇枪舌剑。一位王姓企业家首先与在场的观众们分享了自己品牌线上线下一体的融合布局，以及品牌O2O未来的发展模式和目标。谁知这位企业家话音刚落，另外一位企业家立即问道："我听到了你说整个O2O好的地方，但是我们都知道转型要付出代价。转型犹如拔牙，要出血，要付医药费，找好的医生。公司转变要付出怎样的代价？"

> 转型犹如拔牙，要出血，要付医药费，找好的医生。公司转变要付出怎样的代价？

提问题的企业家明显"不怀好意"，然而演讲的企业家却不慌不忙，镇定地细说起了自己过往的发家史，以及自己公司的4次转型。最后他总结道，自己的企业已经经历过了那么多次的转型，以后还可能经历更多的转型。不管怎样困难，只要有利于公司的长远发展，就一定要进行下去。

然而提问的企业家却并不满意，咄咄逼人道："我听了半天还是没听出来准备付出什么代价，我听的是别人分担你的代价。"

这次，王姓企业家高声答道："我们也不准备付出多大的代价，代价太大了，我们就变穷了。"这一回答让全场的观众哄然大笑，连提问的企业家也忍不住鼓起掌来。

面对提问者一连串明显是"拆台"的问题，如果演讲者不能控制好自己的情绪，结果不是面红耳赤僵在那里，就是恼羞成怒当场翻脸。

> 我们也不准备付出多大的代价，代价太大了，我们就变穷了。

我们要意识到一点，在演讲时，无论我们准备得有多充分，都不可能完全避免突如其来的情况的发生，既然无法避免，我们就只能提高自己的应变能力。

而有些时候，对方在提问时有可能并没有带着主观的恶意，只是恰好提出了一个足以让你手忙脚乱的问题而已，这时候又该怎么办呢？

明智的做法是"趋利避害"，或者巧妙地"转移话题"。我们都有感应危险的本能，一旦演讲者在演讲过程中预感到极有可能出现的危险，一定要第一时间停下来，并试着把话题转移向另一些轻松愉悦的内容上去。

当然，转移的时候不要太过生硬，不然很容易被人察觉出端倪。学会巧妙自然地转移话题，也是社交中一个十分重要的技巧。

总而言之，想要让自己的演讲完美避开所有意外，就需要有极强的随机应变、临场发挥的能力。所谓急中生智，就像动物们灵敏的感知能力和危险到来的时候那种极其迅猛、敏捷的动作，人类也是有着天生的应急反应能力的。

事实上，这种能力通过后天的训练是可以获得的。日常生活中多留心，多研究、多思考、多积累，有目的性地认真学习，有意识地加强训练，迟早你也会拥有这种"急智"。

控制口头语：让演讲更有说服力

我们总是羡慕这样的一些人，他们擅长在公开场合侃侃而谈，他们的演讲总能够获得他人聚精会神的聆听，他们讲出来的话又总能为人们所重视。

成功靠的是头脑，但是良好的演讲口才也是必不可少的。那么，我们应该如何让自己的演讲更有力呢？对于这个问题，我们可以从两个方面来着手，其一是语言的内容，其二是说话的方式。

关于语言的内容，所谓语不惊人死不休，令人震惊的言语总是非常有力的，因此在我们开口时可以先组织一下自己要说的话，尽量让其起到惊人的效果。当然，并不是什么时候我们都能够找到令人惊讶的内容的，这时我们就需要巧妙地构思，例如用好铺垫、埋伏笔等说话技巧，以此来引人注意。

说到底，对说话内容的掌握更多是要求随机应变，而对于一个头脑反应不那么快的人来说，就要从说话的方式上费些脑筋了。当然，这些脑筋费得也是值得的，因为毕竟说话方式的改变是每个人都能够通过锻炼而完成的。

可能大家没有发现，我们每个人在说话的时候都会不知不觉带出很多口头语，我们说这些口头语可能是为了让言语更加流畅，但也可能仅仅是出于习惯，而其实很多时候，这些口头语就是让我们的话语变得无力的罪魁祸首，要想让言语更有力，我们需要做的就是除去一些没必要的口头语，所谓简单的话语最有力就是这个道理。

首先，我们要尽量在话语中去掉"然而""但是""可"这类转折性词语。 我们设想一个场景，你在演讲中想要表达某个想法，你这样说道："我有一个很好的想法，但是想要实现它……"

其实你的本意是表达自己的想法，同时又在提醒听众要注意不要盲从，话本来是好话，然而一个"但是"就让你这好话失去了力度，如果对方有些多心甚至还能解读出质疑的意思，这就很令人遗憾了。

其次，去掉那些故作诚恳的词汇。 有些人在演讲时总会带有"老实讲""说真的""说句心里话"这样的词汇，这样的词汇说出口，说话者会认为是自己诚恳面对对方的表现，会得到对方的青睐，其实未必，你越是这样说反而越会遭到对方的怀疑。

在演讲中你也许会说"和你说句实在的，我认为……"，你的意思自然是强调自己的诚恳，但如果真的诚恳又何必多此一举地强调呢，直接说"我认为……"不好吗？

第三，不要说总结性话语。 有些人总喜欢说总结性话语，"所以""最后"这样的话语总是挂在嘴边上，但殊不知越是有这样的话语说出口，越是会让对方觉得你思维混乱。一个谙熟说话之道的人，是绝对不会帮别人得出结论的，就更不会用"所以""最后"这样的话语来总结自己的话了，别人对你所说的话有何种结论是他自己的事情，是不需要你来帮助他总结的。

第四，不要说限定性词语，比如"仅仅""只是"。 设想一下，在某个演讲结束之后，你面对听众提出你的建议，你下意识地会这样说："这仅仅是我的一个建议。"你觉得这样说很谦虚，然而你不知道的是，这样一句话却可能让你的想法，你给别人施加的影响和别人对你这次演讲的评价大大贬值，所以在大多数时候，你只需要说"这就是我的想法""我的建议是这样的"就可以了，不用故作谦虚地在话语里面加上限定性词语。

最后，我们还要除去一些让人感到泄气的词语，比如"本来""原本"。 类似"本来"这样的转折性词汇自然有它们自己的用途，但并不是所有场合都适合，比如当你向某人解释某件事情时，你说："我本来是这样想的……"，你的意思是自己的想法改变了，但在对方耳朵里解读出来的信息却是你不够诚恳。

口头语是人长期说话养成的习惯，改起来也不是那么简单的，但绝非完全改变不了，我们只要发现了自己说话时存在的问题，并不断改正，就可以让自己的话语变得更简洁，进而让它变得更有力。

演讲避雷：那些必须躲避的演讲禁区

只要掌握了演讲的技巧，我们自然而然就会变成那个在人群中侃侃而谈，在无数听众们面前谈笑风生的人。然而如果不懂得演讲的技巧呢？那么演讲就像是一场临时起意的街头表演，结果如何完全听天由命。套用一句名言，成功的演讲都是一样的成功，失败的演讲却各有各的失败，所以，在了解了如何让演讲成功之后，我们还应该了解有些演讲是怎么失败的。

2016年，某互联网企业的一位高管在一次行业内国际会议上的演讲堪称是一场"灾难"，会后不但该演讲被各方嘲讽，该高管更是被公司以影响公司品牌为由予以除名。

这位高管的演讲，无论是语言风格还是案例细节都让人感到十分尴尬，当意识到自己的演讲实在糟糕时，该高管甚至想要用讲恶俗段子的方式来救场，让现场的听众听着直摇头。

那么，在演讲过程中，究竟有哪些雷区是不能踩的？

雷区1：不了解听众

好的演讲首先要做的就是了解听众。在演讲之前，我们一定要认真、客观地回答几个问题：演讲的听众是哪些人？他们有着怎样的背景？他们最迫切的需求是什么？他们爱听什么样的话？我们能够给他们提供哪些有用的信息？

认真地回答这几个问题，然后再有针对性地设定、调整演讲内容，让我们的演讲主题与听众的兴趣、需求紧紧贴合起来，这样就能够取得好的演讲效果。而如果不了解这些信息，那结果就像对着青春期懵懂的少年大谈哲学，效果可想而知。

雷区2：事前不练习

有着丰富经验的老教师也有讲错题的时候，所以即便我们再聪明、再机智、再有口才，即便我们在无比熟悉的舞台上，也没有把握一定能完成一场出彩的演讲，所以在演讲之前必须要练习。

不经过练习的演讲，非常容易出现卡壳、语无伦次的状况，而一旦出现了这些状况，演讲者就会下意识地采取补救措施，这就可能打乱原有的演讲节奏，最后的结果一定是让演讲变得无比混乱，甚至招致听众的嘲讽。

雷区3：冗长的开场白

拖沓、沉闷的开场足以毁掉一场精心准备的演讲。开场白是个彰显个人魅力的机会，把握好了，短短几分钟内，我们就可以吸引全场所有人的目光和注意力。但如果开场白冗长而无聊，那么结果便是听众失去耐心，演讲者失去信心。

雷区 4：故作幽默

幽默是很重要的，但并不是每一个人都知道该如何巧用幽默来使演讲更受欢迎，因而只好故作幽默。故作幽默往往会产生一种结果，那就是"用力过猛"，为了让自己看起来很幽默而故意搞笑，不停"抖包袱"，抛段子，生怕听众不笑。这样其实是很尴尬的。幽默从来都不是刻意的，它充满着丰富的内涵和人生的智慧，不是那一两个低俗的段子能够比得上的。

雷区 5：台风诡异

演讲者的台风是很重要的，它留给观众的往往是最直接、最深刻的印象。很多人因为紧张，往往不由自主地做出大量的干扰观众注意力的动作，在演讲台上的时候，这些略有些夸张和怪异的动作将会被放大，使得演讲者看起来很不成熟，很不自信，很不值得被信任。

想要解决这个问题也不难，我们可以将自己的演讲录下来观看，尤其需要注意仪态问题，找到最合适的站姿、表情、手势，反复练习。在日常生活中，为了训练胆量，增强自信，一定要多多练习公众讲话，不放过在每个人面前讲话的机会。练着练着，我们就会发现自己的胆子越来越大了，演讲时的表现也越来越自信。

雷区6：照本宣科

演讲如果太过刻板，只顾讲事实、摆道理，堆砌数据，就毫无幽默感可言。数据确实能够拿来说话，逻辑分析推理也是一种增加说服力的方式。但是如果你的演讲全程都保持着这样的状态，难保不会有观众打瞌睡。

而且这样做还失去了一个很重要的元素，那就是和听众的互动。演讲的时候，太过幽默或者太过严肃都不是什么好事。

演讲中禁忌很多，避开这些雷对演讲者来说意义重大。该轻松的时候要轻松，该笑的时候笑，该闹的时候闹，该严肃的时候严肃，该认真的时候认真，这才是一场演讲该有的节奏。跌宕起伏，张弛有度，才是我们在演讲中追求的最高境界。

结束演讲：好的收尾让听众回味无穷

一场演讲是否能够达到预期的效果，与演讲的结尾也有着紧密的关系。演讲的开场白要像"龙头"，结束语就要像"凤尾"，演讲收尾收得好就能够起到画龙点睛的作用。

经验丰富的演讲者都知道，想要让演讲内容深入人心，一定要设计一个极其漂亮的结尾，在最后的 5 分钟里把观众的情绪推向高潮。

当然，收尾是一件很不容易的工作。想要达到耐人寻味、深入人心的效果，收尾在形式上就要巧妙，内容上要有深度，语言上要有力度。令人眼前一亮的结尾能够收拢全篇，升华主旨；符合情境又新颖有趣的结尾能够予以观众最深刻的启发意义。

演讲是有着特定技巧的，收尾也是一样，以下几种收尾的形式可供大家参考。

技巧 1：总结式的收尾

在演讲即将结束时，为了深化自己的观点，阐明自己的立场，需要对通篇演讲内容进行一个高度浓缩的总结。但我们要意识到，这并不意味着我们必须将前篇所述内容一字不差地复述一遍，而是要在简洁地概括中将中心思想再度升华，加入新的语言元素，让总结更有意义，让观众对你的立场记得更深。

技巧2：幽默收尾

幽默是一柄无往不利的"好兵器"，如果一场演讲是在热烈的掌声和欢笑声中结束的，它无疑是成功的，它留给人们的记忆想必会更深刻。

老舍先生是一个很幽默的人，在某一次演讲过程中，他一开口便直截了当地说，他今天准备给在座的各位谈6个问题。说着，便一板一眼地讲了下去，慢条斯理，充满哲理。谈完第5个问题的时候，老舍一看，原定的演讲时间就快到了，他立马提高嗓门，大声地说："第6点，散会。"正沉醉在他演讲内容中的人猝不及防地听到他这句话，全部都愣在那里，只见老舍淡定地收拾着讲演台上的物品。台下的人们面面相觑，突然爆笑起来。

……第6点，散会！

技巧3：故事式收尾

以一个富有哲理又充满趣味性的故事收尾，对演讲来说是一个十分有用的技巧。故事性结尾往往会让听众们觉得意犹未尽，当然，我们所讲述的故事应该紧扣主题，并且引导人们进行发散性思考，让人们能体会到演讲者想要传达的深刻内涵。

技巧4：文学收尾

利用一些文学元素进行收尾，例如背诵一副对联或一首诗词，往往能令人印象深刻。试想一下，将诗词或对仗工整的对联掷地有声地念出来，一定会给在场的听众们带来极其强烈的情感冲击。利用好这种形式，无疑会使演讲锦上添花。

一开口就能打动所有人的演讲口才

1. 当有人在演讲中提出异议时，你可以说：

感谢您的提问，不同的观点总能帮助我看到更多可能。这个问题也让我很感兴趣，演讲结束后我们可以一起探讨探讨。

2. 当你在婚礼现场，受邀进行一段即兴演讲时，你可以说：

首先，我代表在场来宾，对新人表示衷心的祝贺。我是新郎的发小，能见证这个时刻我感到非常荣幸。祝愿他们能够白头偕老，百年好合。

3. 当观众对你的观点表示怀疑时，你可以说：

非常感谢您的质疑，它让我有机会进一步阐述我的观点。我也很愿意听听大家的看法，以丰富我们的讨论。

4. 当你忘记演讲稿的内容时，你可以说：

嗯，看来我太投入了，稍微失去了一些线索。但这也好，让我们直接跳到这个非常重要的点上来讨论。

5. 当观众对你的演讲内容感兴趣时，你可以说：

我很高兴看到大家对这个主题感兴趣，我们可以在演讲后做进一步交流，共同探讨和学习。

6. 当你需要转变话题时，你可以说：

现在让我们换一个角度来看待这个问题，这将为我们打开一个全新的视野。

7. 当你需要总结演讲时，你可以说：

在结束今天的分享前，让我们再次回顾一下我们讨论的重点，并思考它们如何影响我们的日常生活和工作。

8. 当你需要引起观众的注意时，你可以说：

这个问题非常关键，它可能直接影响到我们每个人。让我们仔细看看它的细节和可能的解决方案。

9. 当你需要引入笑点缓解紧张氛围时，你可以说：

说到这里，我想到了一个相关的小笑话，希望能为我们的讨论带来一些乐趣。

10. 当你感觉到观众的反应冷淡时，你可以说：

我知道这个主题可能有些复杂，但它的重要性不容忽视。我会尽量简明扼要地为大家讲解。

11. 当你需要引用权威数据支持你的观点时，你可以说：

根据最近的研究报告，我们可以明显看到这个问题的重要性和紧迫性。

12. 当你需要表达对观众的感谢时，你可以说：

非常感谢大家的参与和贡献，你们的见解为我们的讨论增色不少。

13. 当你需要鼓励观众提问时，你可以说：

我非常期待听到大家的看法和问题，让我们共同探讨这个主题，找到更好的解决方案。

14. 当你需要结束演讲时，你可以说：

在结束今天的分享之前，我想再次感谢大家的参与和贡献。希望我们下次再聚。

15. 当你需要点明某个关键问题时，你可以说：

这里有一个非常关键的问题需要我们深思，它可能会成为我们解决这个大问题的突破点。

16. 当观众表现出不耐烦时，你可以说：

我明白你们的时间宝贵，现在我会尽量精简内容，让我们一起高效地探讨这个主题。

17. 当你想要表达对团队或组织的感激时，你可以说：

最后，我想对我们的团队和组织表示由衷的感谢，没有你们的支持和努力，我们无法取得今天的成果。

18. 当观众对某个技术性问题感兴趣时，你可以说：

这个技术问题非常有趣，也很关键。如果您愿意，我们可以在演讲结束之后单独详细讨论。

19. 当你想要强调某个观点的重要性时，你可以说：

我想强调的是，这个观点对我们来说非常重要，它可能会对我们的决策产生直接的影响。

20. 当你需要向观众推荐某个资源时，你可以说：

对于刚刚讨论的问题，有一些非常不错的书籍和在线资源，我会在演讲后分享给大家。

21. 当你需要时间整理思路时，你可以说：

让我稍微思考一下，这个问题非常好，也很复杂，我想确保能为大家提供准确的信息。

22. 当你想要赞美观众的参与和贡献时，你可以说：

你们的热情和积极地参与让这个讨论变得非常丰富和有意义，非常感谢！

23. 当你需要给观众提供一些实际建议时，你可以说：

基于我们的讨论，我为大家整理了一些实际可行的建议，希望能对大家有所帮助。

24. 当你想要引导观众思考某个问题时，你可以说：

现在我想提一个问题给大家，希望能激发我们更深入的思考和讨论。

25. 当你想要表达对未来的期待时，你可以说：

我非常期待未来我们能在这个领域取得更多的进展，并希望每个人都能从中受益。